Korporation der Kaufmannschaft von Berlin.

Die Handelskammern

Ihre Organisation und Tätigkeit.

Bericht

an den

Internationalen Handelskammer-Kongress

in

Mailand 1906

erstattet von den

Aeltesten der Kaufmannschaft von Berlin.

BERLIN
VERLAG VON GEORG REIMER
1906

Inhaltsverzeichnis.

Vorwort.

Dem Internationalen Kongreß der Handelskammern und kommerziellen und industriellen Vereinigungen zu Mailand beehren wir uns eine Uebersicht über die Interessenvertretungen für Handel und Gewerbe vorzulegen, welche fast alle zivilisierten Länder der Erde umfaßt. Wir hoffen, daß es unserer Arbeit gelingen möge, die Kongreßteilnehmer ihren ausländischen Kollegen näherzubringen und dadurch die Zwecke des Mailänder Kongresses und seiner Nachfolger zu fördern.

Da wir erst im Herbst 1905 nach dem Lütticher Kongreß den Entschluß zu unserer Arbeit faßten, da ferner einerseits die Beschaffung des notwendigen Materials, andererseits die Drucklegung der fertigen Arbeit in zwei Sprachen längere Zeit in Anspruch nahmen, haben wir für die Bearbeitung des sehr umfangreichen Materials nur kurze Zeit gehabt. Dieser Umstand und das Bestreben, den Umfang der Broschüre nicht allzu sehr anwachsen zu lassen, zwangen uns, über manches an sich Bemerkenswerte schneller hinwegzugehen, als es vielleicht in einem anderen Falle geschehen wäre. Wir behalten uns vor, eventuell später in einer umfangreicheren Abhandlung das in unserem Besitz befindliche Material unter Benutzung aller uns von den Teilnehmern des Kongresses etwa erteilten Informationen zu bearbeiten.

Wir haben nach Möglichkeit die vorhandene Literatur über das Handelskammerwesen benutzt. Besonders das ältere deutsche Werk von Kaufmann (Richard v. Kaufmann: Die Vertretung der wirtschaftlichen Interessen in den Staaten Europas. Berlin 1879), sowie die kürzere, aber neuere Darstellung von Maresch im Handwörterbuch der Staatswissenschaften, haben uns gute Dienste geleistet. Hervorzuheben ist ferner der Bericht der niederländischen Handelskammern an den Lütticher Kongreß von 1905 über: „Organisation et composition des chambres de commerce et d'industrie à l'étranger", und eine Abhandlung von Dr. Graetzer über die „Organisation der Berufsinteressen" (Berlin 1890). Eine frühere Publikation unseres Kollegiums über Auslandshandelskammern (Auslandshandelskammern. Bericht an die Aeltesten der Kaufmannschaft von Berlin, erstattet von Dr. Clemens Mayer. Berlin, Verlag von Georg Reimer 1905) überhob uns der Notwendigkeit, auf diese Institutionen näher einzugehen. Dem Berichte unseres volkswirtschaftlichen Beirats Prof. Dr. Jastrow über eine volkswirtschaftliche Studienreise durch Nordamerika (Berliner Jahrbuch für Handel und Industrie 1904 Bd. I S. 395—522) konnten wir die Darstellung des Handelskammerwesens der Vereinigten Staaten von Amerika entnehmen. Die Organisation der amtlichen Handelsvertretungen in den Bundesstaaten des Deutschen Reiches sind in dem „Jahrbuch der deutschen Handelskammern und sonstigen amtlichen Handelsvertretungen", das von der Leipziger Handelskammer im Auftrage des Deutschen Handelstages herausgegeben wird, ausführlich dargestellt. Den größten Teil unseres Materials verdanken wir den Handelskammern und Handelskammervereinigungen des Auslandes, sowie den Kaiserlich Deutschen Konsularbehörden. Ihnen allen sprechen wir an dieser Stelle unseren verbindlichsten Dank aus.

Die Aeltesten der Kaufmannschaft von Berlin.

Kaempf. Weigert. Helfft.

Europa.

Frankreich.

Geschichte.

Freiwilliger Zusammenschluß der Kaufleute und staatliche Organisation der Handelsinteressenvertretung haben in Frankreich ungefähr gleichzeitig zur Bildung von Handelskammern geführt, welche für die meisten Nachbarländer vorbildlich gewesen sind.

Im Jahre 1599 schlossen sich die Kaufleute von Marseille zur Wahrung ihrer gemeinsamen Interessen zusammen und bildeten eine freie Organisation. Etwa gleichzeitig gründete König Heinrich IV. eine französische Chambre supérieure du Commerce zur Beratung und Begutachtung der auf den Handel bezüglichen Gesetze. Als letztere bald wieder ihre Tätigkeit einstellte, wurde sie unter Ludwig XIII. im Jahre 1616 auf Ersuchen der Kaufleute wiederhergestellt und 1664 und 1700 auf breitere Grundlagen gestellt. Zur Unterstützung dieses Zentralorgans einer kommerziellen Interessenvertretung wurden 1700—1701 in Frankreich 10 lokale Handelskammern errichtet, welche die Aufgabe hatten, die Regierung von den Wünschen und Bedürfnissen der Handels- und Gewerbewelt in Kenntnis zu setzen. Die Organisation der Kammern war, den Verhältnissen der einzelnen Plätze Rechnung tragend, verschieden; ihre Kosten wurden von der Stadt ihres Sitzes oder von der Provinz ihres Wirkungskreises gedeckt.

Im Jahre 1791 wurden die Kammern und die Zentralstelle unterdrückt; letztere aber erwies sich als unentbehrlich und wurde noch im gleichen Jahre restituiert. Fast alle, ihrer offiziellen Stellung beraubten Handelskammern blieben als freie Vereinigungen in Tätigkeit, bis auch sie im Jahre 1803 wieder in ihre alte Stellung eingesetzt wurden. Im gleichen Jahre wurden als rein begutachtende Organe für die Fragen des Gewerbes die Chambres consultatives des Arts et Manufactures neben den Handelskammern errichtet. Im Jahre 1880 wurde beim Ministerium ein Comité consultatif des Arts et Manufactures begründet.

Uebersicht über die heutige Organisation.

Es bestehen also jetzt in Frankreich vier verschiedene Arten von Organen zur Vertretung der Handels- und Gewerbeinteressen. Der Handel und die Schiffahrt finden ihre Vertretung in den Handelskammern, welche eine reiche gutachtliche und Verwaltungstätigkeit ausüben. Das Gewerbe (Industrie und Handwerk) wird ebenfalls von den Handelskammern vertreten, dazu in vielen Gegenden außerdem von den Chambres consultatives des Arts et des Manufactures, die nur Gutachten und Vorschläge an die Behörden abgeben. Dem Handelsminister stehen ferner das Conseil supérieur du Commerce et de l'industrie und das Comité consultatif des Arts et Manufactures zur Seite. Beide Körperschaften bestehen aus Staatsbeamten und Vertretern des Handels und der Industrie. Die erstere ist ein großer, selten zusammentretender Beratungskörper, letztere eine Behörde zur Unterstützung der laufenden Verwaltung durch Gutachten und Auskünfte.

Gesetzliche Grundlagen.

Die Gesetzgebung über Chambres de commerce und Chambres consultatives und die beiden zentralen Interessenvertretungskörper, Comité supérieur du commerce et de l'industrie und Comité consultatif des Arts et Manufactures, ist im Verlauf eines Jahrhunderts sehr vielfach verändert worden. Die Verfassung der Handelskammern ist zuletzt durch ein Gesetz vom 9. April 1898 neu geregelt worden. Die sonstigen für die kaufmännischen und gewerblichen Interessenvertretungen Frankreichs geltenden gesetzlichen Vorschriften sind sehr zerstreut; doch sind sie im Annuaire des Chambres de commerce et Chambres consultatives des Arts et Manufactures mustergültig gesammelt.

Handelskammern. Zusammensetzung.

Die Handelskammern sind öffentliche Institutionen zur Förderung der Interessen von Handel, Industrie und Schiffahrt ihres Bezirks. Jedes Departement muß mindestens eine Kammer besitzen. Die Errichtung neuer Kammern erfolgt auf dem Verwaltungswege durch den Minister für Handel, Gewerbe und Arbeit nach Anhörung des conseil municipal der Stadt, in welcher die neue Kammer ihren Sitz haben soll, des Generalrates (der Departementsvertretung) und der etwa schon vorhandenen Handelskammern des Departements. Das ministerielle Dekret bestimmt den Bezirk der Kammer und die Zahl der Mitglieder, die zwischen 9 und 21 schwankt. Nur die Pariser Handelskammer zählt 36 Mitglieder. Die Mitglieder sind unbesoldet und werden auf sechs Jahre gewählt; alle zwei Jahre wird der dritte Teil der Mandate neu besetzt.

Wahlen.

Die Wahlen werden nicht von der Gesamtheit der Handel- und Gewerbetreibenden eines Bezirks vollzogen, sondern von einer besonderen Wahlversammlung, welche aus den vertrauenswürdigsten und ausgezeichnetsten Kaufleuten, welche in die Patentsteuerliste eingeschrieben sind, durch eine besondere Kommission ausgewählt sind. Dieser gehören an: der Präsident und ein Mitglied des Handelsgerichts, oder, wo ein solches fehlt, des Ziviltribunals der Präsident und ein Mitglied der Handelskammer, der Präsident des Gewerbegerichts und der Maire des Kammersitzes und drei Mitglieder des „Generalrats“. Der Departementspräfekt sorgt für das Zusammentreten der Kommission, darf sich aber in ihre Arbeiten in keiner Weise einmischen.

Die Kommission hat die Aufgabe, die Liste der Wahlberechtigten aufzustellen. Diese darf nicht unter 50 und nicht über 1000 Namen enthalten; im allgemeinen soll sie ein Zehntel der Geschäftsleute des Bezirks umfassen. Direktoren von Aktiengesellschaften, Makler und Schiffskapitäne dürfen aufgenommen werden, Bankerotteure und Personen, die nicht zu den politischen Wahlen berechtigt oder wegen gewisser Vergehen bestraft sind, sind ausgeschlossen. Die Liste muß alljährlich ergänzt und öffentlich ausgelegt werden. Jeder zur Patentsteuer Herangezogene hat das Recht, die Streichung von Namen der Wählerliste zu beantragen.

Im Dezember jeden zweiten Jahres werden die so bestimmten Wähler zur Wahlversammlung einberufen. Die Wahl erfolgt durch Listenskrutinium; jeder Wähler gibt geheim und schriftlich soviel Stimmen ab, wie Kammermitglieder gewählt werden sollen. Wählbar ist, wer dreißig Jahre alt ist, seit fünf Jahren als selbständiger Geschäftsmann, Direktor einer Aktiengesellschaft oder als See- oder Küstenschiffahrtskapitän tätig ist und die Voraussetzungen zur Eintragung in die Wählerliste erfüllt. Im ersten Wahlgang ist gewählt, wer die Hälfte aller abgegebenen Stimmen auf sich vereint, beim zweiten Wahlgang entscheidet relative Majorität. Die Wahlen müssen vom Handelsminister bestätigt werden.

Alle zwei Jahre, nach der teilweisen Erneuerung, konstituiert sich die Kammer aufs neue und wählt aus ihrer Mitte einen Präsidenten, einen oder zwei Vizepräsidenten, einen Schriftführer und einen Schatzmeister. Diese bilden das Bureau der Kammer, das mit Hilfe eines besoldeten secrétaire administratif und des nötigen Hilfspersonals die Geschäfte der Kammer führt. Kammersitzungen finden bei großen Kammern monatlich zwei, bei kleineren seltener statt. Sie sind beschlußfähig, wenn die Hälfte der Mitglieder anwesend ist. Mitglieder, die sechs Monate lang den Sitzungen fern bleiben, verlieren ihr Mandat. Der Préfet oder der Sous-Préfet des Kammerbezirks hat das Recht, an den Sitzungen mit beratender Stimme teilzunehmen. Die Handelskammern verkehren unmittelbar mit den Ministern; sie erstatten dem Handelsminister jährlich einen Bericht über ihre Tätigkeit. Zum Teil veröffentlichen sie diesen, wie auch ihre Sitzungsprotokolle. Die Kammern haben das Recht miteinander zu korrespondieren; sie können ferner gemeinsame Unternehmungen gründen und unterhalten. Ihre Präsidenten dürfen endlich zur Beratung gemeinsamer Interessen frei zusammentreten. **Geschäftsführung.**

Der Tätigkeitskreis der französischen Handelskammern ist sehr weit. Sie sind in erster Linie berechtigt und verpflichtet, die Behörden durch Gutachten und Vorschläge bei der Förderung der Interessen von Handel, Gewerbe und Schiffahrt zu unterstützen, und sie haben zweitens weitgehende Befugnisse in der **Aufgaben.**

Verwaltung von Anstalten und Einrichtungen, die dem Handel, dem Gewerbe und der Schiffahrt dienen.

Gutachten und Vorschläge.

Ueber alle Fragen können von den Handelskammern Gutachten erfordert werden; die Kammern müssen befragt werden beim Erlaß von Vorschriften, die sich auf Handelsgebräuche beziehen, bei der Schaffung von neuen Handelskammern im Kammerbezirk, von Börsen, Handelsgerichten, Gewerbegerichten, Filialen der Bank von Frankreich, Lagerhäusern und Auktionshallen, bei der Konzessionierung von Fonds-, Waren- und Schiffsmaklern, bei der Genehmigung von Tarifen für Transportmittel seitens der Behörden, bei der Festsetzung von Tarifen für Gefängnisarbeit und bei den Erwägungen über die Nützlichkeit von öffentlichen Arbeiten im Bezirk der Handelskammer. Aber auch ohne Erfordern seitens einer Behörde, aus eigener Initiative, unterbreiten die Handelskammern den Behörden Gutachten und Vorschläge, besonders betreffend Veränderungen der Handels-, der Zoll- und der sonstigen Wirtschaftsgesetzgebung, sowie in betreff der Tarife und Benutzungsordnungen von Verkehrsmitteln und anderen dem Handel und der Industrie dienenden Anstalten, die zwar außerhalb des Kammerbezirks liegen, aber für den Bezirk wichtig sind.

Verwaltungsaufgaben.

Wie es für die gutachtliche Tätigkeit der französischen Handelskammern charakteristisch ist, daß ihre Gutachten in einer langen Reihe von Fällen erfordert werden müssen, so ist für die Selbstverwaltungsaufgaben der Kammern charakteristisch der weite Umkreis dieser Aufgaben, andererseits die straffe Kontrolle durch die Regierung, welcher die Kammern in diesem Zweige ihrer Tätigkeit unterliegen.

Die Handelskammern stehen im Dienste der öffentlichen Verwaltung, indem sie an allen Orten, wo Börsen bestehen, deren Verwaltung besorgen, Ursprungszeugnisse für Waren, die zum Export bestimmt sind, sowie Legitimationskarten für Handlungsreisende ausstellen, bei der Notierung von Warenpreisen seitens der Makler durch Festsetzung der zu berücksichtigenden Warengattungen, des Orts und der Zeit der Notierung usw. mitwirken, an der Prüfung der Schiffsmakler teilnehmen und alljährlich Sachverständige für Zollangelegenheiten vorschlagen. Daneben besitzen die Kammern die Berechtigung, eine Menge weiterer Aufgaben in den Bereich ihrer Verwaltung zu ziehen; sie können insbesondere Anstalten, welche der Förderung von Handel, Industrie und Schiffahrt dienen, selbst gründen und unterhalten, Anstalten, welche Staat, Kommune oder Private gegründet haben, in ihre Verwaltung übernehmen, können hierzu Grund und Boden erwerben und Gebäude herstellen. Sie können die Konzession zur Anlage von öffentlichen Arbeiten, besonders in Seehäfen und auf Binnenwasserstraßen, erhalten. Die Tarife und Benutzungsordnungen für alle diese Unternehmungen unterliegen ministerieller Genehmigung, für deren Erteilung der Grundsatz maßgebend ist, daß die Befugnis der Handelskammern zur Veranstaltung der Anlagen stets ein Dienst für das Gemeinwohl bleiben soll und nie die Schädigung des Publikums durch zu hohe Gebührensätze zur Folge haben darf.

Die Befugnis, zur Förderung von Handel und Industrie Anstalten zu gründen und zu unterhalten, ist von den 150 in Frankreich bestehenden Kammern in sehr verschiedenem Umfange benutzt worden. Die Hälfte aller Kammern beschränkt ihre Tätigkeit auf die Ausübung ihrer begutachtenden und ihrer vom Staat ihnen übertragenen Verwaltungsaufgaben. In allen größeren am Meere gelegenen Städten (wir zählen gegen dreißig) aber haben die Handelskammern zur Erleichterung des Hafenverkehrs Vorrichtungen getroffen, Dampfkräne, Schuppen, Docks usw. gebaut. Hafen- und Binnenhandelsplätze haben öffentliche Lagerhäuser (wir zählen acht) oder Zollagerstätten (zehn) errichtet. Zehn Handelskammern verwalten Börsen; von den in Frankreich zur Prüfung von Seide und Textilprodukten bestehenden zwanzig Untersuchungsstellen (bureaux publics de conditionnement) werden acht von Handelskammern verwaltet. Die Kammern von Paris und St. Etienne haben Waffenprüfungsstationen, deren Tätigkeit, da die Waffenprüfung in Frankreich selbst nicht mehr obligatorisch ist, besonders wichtig ist für die Exporteure, die Waffen in Länder ausführen, wo die Prüfung verlangt wird. Etwa ein Dutzend Kammern verwaltet kommerzielle und gewerbliche Schulen (meist écoles supérieures de commerce), allen voran die Pariser. Einige veranstalten ferner Vortragskurse und stellen ihre Bibliotheken zur öffentlichen Benutzung. Einige Kammern haben von ihrer Befugnis Gebrauch gemacht, Telephonnetze auf eigene Kosten anzulegen und dem Staat zum Betrieb zu übergeben. Fünf Kammern haben Gewerbemuseen oder Museen für bestimmte Industriebranchen zu verwalten.

Selbständige Unternehmungen.

Die Handelskammer von Paris verwaltet eine Börse, eine Bibliothek, öffentliche Bureaus zur Prüfung von Seide, Wolle, zur Analyse von Papier und eine Waffenprüfungsstelle. Sie besitzt Lade- und Entladevorrichtungen zur Erleichterung des Umschlags für Eisenbahn- und Schiffsverkehr, sowie eine Zollniederlage. Sie verwaltet eine Handelshochschule (Ecole des Hautes-Etudes commerciales), eine höhere Handels- und Gewerbeschule (école supérieure pratique de commerce et l'industrie), beide mit einem zweijährigen Lehrgang, und eine Handelsschule (école commerciale) mit vierjährigem Lehrgang. Außerdem veranstaltet die Kammer regelmäßige Abendkurse, auch solche für Frauen und Mädchen. Die Handelskammer von Lyon besitzt eine Seidenprüfungsanstalt, ein Laboratorium zum Studium der Seidentechnik und ein historisches Museum für Textilprodukte, die von Havre Anlagen am Hafen, ein Schifferhaus, eine höhere

Paris, Lyon, Marseille, Havre.

Handelsschule. Die Kammer von Marseille besitzt ebenfalls Anlagen am Hafen, Schuppen und ein Matrosenhaus und veranstaltet technische Vorträge.

Kostendeckung.

Die infolge der ausgedehnten Tätigkeit der Handelskammern nicht unerheblichen Kosten werden aufgebracht durch die Erhebung von Zuschlägen zur Patentsteuer. Budgets und Jahresrechnungen müssen vom Minister geprüft werden und sind sehr detaillierten Formvorschriften in bezug auf ihre Aufstellung und Gruppierung unterworfen. Ersparnisse an einer Budgetposition dürfen ohne Genehmigung des Ministers nicht anderweitig verausgabt werden. Für die von einer Handelskammer verwalteten Unternehmungen werden Spezialbudgets geführt. Zur Gründung von Anstalten dürfen die Kammern Anleihen aufnehmen; der Minister überwacht ihre Verzinsung und Tilgung. Es ist den Kammern auch gestattet, zur gemeinsamen Gründung von Anstalten gemeinsame Anleihen zu machen. Für die Benutzung der von ihnen geschaffenen Anstalten erheben sie Gebühren.

Chambres consultatives des Arts et Manufactures.

Neben den Handelskammern vertreten die Interessen der Industrie und des Handels in Frankreich seit 1803 die Chambres consultatives des Arts et Manufactures, jetzt 48 an Zahl. Sie werden an den Orten, wo es die Regierung für wünschenswert hält, errichtet und haben lediglich die Aufgabe, der Regierung die Bedürfnisse von Handwerk und Industrie ihres Bezirks mitzuteilen und Verbesserungsvorschläge zu unterbreiten. Sie haben keinerlei Verwaltungsaufgaben. Sie bestehen aus je 12 Mitgliedern, von denen alle zwei Jahre ein Drittel auf sechs Jahre in derselben Weise und von demselben Wahlkörper gewählt wird wie die Handelskammermitglieder. An Orten, wo sie fehlen, verrichten die Handelskammern ihre Funktionen, von denen sie sich weniger durch die Art der von ihnen vertretenen Interessen, als durch das verschiedene Maß von Pflichten und Rechten unterscheiden, da sie wie die Handelskammern den ganzen Gewerbestand vertreten, aber rein gutachtliche Organe sind. Sie wählen unter sich einen Präsidenten. Der Préfet oder Sous-Préfet oder Maire, dessen Bezirk der Kammerbezirk ist, hat das Recht, an der Versammlung teilzunehmen und ihr zu präsidieren. Die Kammern haben das Recht, mit dem Minister direkt zu verkehren. Von ihren Sitzungen, die bei den meisten Chambres consultatives wenig häufig sind, veröffentlichen einige Berichte.

Conseil supérieur du commerce et de l'industrie.

Wie einleitend ausgeführt wurde, besaß der französische Staat schon vor der Errichtung der einzelnen Handelskammern eine der Regierung mit Rat beistehende Körperschaft von Handel- und Gewerbetreibenden. Ihre Fortsetzung ist der heutige „Conseil supérieur du commerce et de l'industrie“ bei dem Handelsministerium. Er besteht seit seiner im Jahre 1882 erfolgten Reorganisation aus zwei Sektionen von je 30 Mitgliedern, einer für den Handel und einer für das Gewerbe. Die Mitglieder werden auf Vorschlag des Handelsministers vom Präsidenten der Republik ernannt. 34 Mitglieder werden aus der Zahl der Handelskammerpräsidenten genommen, die anderen 26 sind Senatoren, Deputierte oder um Handel und Gewerbe verdiente Personen. Der Handelsminister ist Vorsitzender; er ernennt für jede Sektion zwei Vizepräsidenten. Eine Anzahl von Ministerialdirektoren hat Sitz und beratende Stimme im Conseil. Der Rat wird vom Handelsminister nach Bedarf zur Abgabe von Gutachten einberufen. Zölle und Handelsverträge, Handels- und Kolonialgesetzgebung, Schiffahrt und Hochseefischerei, Auswanderung und Kolonisation sind u. a. Gegenstand der Beratungen gewesen. Der Conseil ist berechtigt, Personen außerhalb seines Kreises zu hören und mit Genehmigung des Ministers Enqueten zu veranstalten. Zur Unterstützung bei seinen Arbeiten ernennt der Minister einen Sekretär, welcher mit beratender Stimme an den Sitzungen teilnimmt.

Commission consultative permanente

Die Unmöglichkeit, zur Beratung des Ministers den großen Conseil in anderen als den wichtigsten Fällen zusammenzuberufen, hat im Jahre 1894 zur Bildung eines kleineren Ausschusses aus diesem geführt. Die „Commission consultative permanente" steht ebenfalls unter dem Vorsitz des Handelsministers und besteht aus den drei Ministerialdirektoren der Zölle, des Außenhandels, sowie der Konsulate und der Handelsangelegenheiten im Ministerium des Aeußeren und 22 Mitgliedern, die teils von den im Conseil supérieur vorhandenen Senatoren, Deputierten und Handelskammerpräsidenten gewählt, zum Teil vom Minister ernannt sind. Die Kommission wird vom Minister berufen und verhandelt über die gleichen Fragen, wie in besonders wichtigen Angelegenheiten der Conseil supérieur. Die Sekretäre des Conseil versehen ihre Dienste auch bei der ständigen Kommission.

Comité consultatif des Arts et Manufactures.

Wenn es vielleicht erlaubt ist, den Conseil supérieur de commerce et de l'industrie als eine zentrale Zusammenfassung der französischen Handelskammern zu betrachten, so wäre es andererseits falsch, das Comité consultatif des Arts et Manufactures für eine Zentralstelle der Chambres consultatives des Arts et Manufactures zu halten, mit denen es nichts zu tun hat. Es ist im Jahre 1880 dem Handelsministerium zur Prüfung aller dem Komitee vom Handelsminister vorgelegten, Handel und Industrie berührenden Fragen beigegeben worden. Ihm werden vorzugsweise vorgelegt die Fragen der „établissements insalubres ou incommodes", der Erfinderpatente und der Anwendung und Abänderung von Tarifen und Zollgesetzen und zwar vom technischen Gesichtspunkt aus. Der Kreis der ihm übertragenen Fragen ist also wesentlich enger als der dem Conseil vorzulegenden, seine Tätigkeit aber eine weit intensivere. Allwöchentlich kommt es einmal zusammen. Die Mitglieder haben Anspruch auf Anwesenheitsgelder. Dem Komitee gehören an sieben hohe Verwaltungsbeamte, meist Ministerialdirektoren, und sechzehn andere Mitglieder, welche auf Vorschlag des Handelsministers durch Dekret aus der Zahl der französischen Staatsräte, den Mitgliedern der Akademie der Wissenschaften, des Corps des Ponts et Chaussées et des Mines und aus Handel und Industrie ernannt werden. Ein Sekretär wird vom Minister bestellt. Während der Conseil ein mehr handelspolitischer und volkswirtschaftlicher Beratungskörper ist, ist das Comité consultatif eine aus ihren technischen Erfahrungen schöpfende Arbeitsbehörde.

Großbritannien und Irland.

Die englischen Handelskammern im allgemeinen.

Die Handelskammern von Großbritannien und Irland unterscheiden sich von den meisten Handelskammern des Kontinents durch das Fehlen aller durch Gesetz vorgeschriebener Aufgaben und Befugnisse. Sie sind völlig freie Vereinigungen von Kaufleuten und Industriellen, welche in keinerlei amtlichen Beziehungen zu den Staatsbehörden stehen, keinerlei Unterstützungen vom Staate erhalten, sondern ihre Kosten durch Beiträge ihrer Mitglieder und Gebühren der von ihnen geschaffenen Anstalten usw. decken. Eine Handelskammer hat das Recht, aber nicht die Pflicht, sich als Korporation mit juristischer Persönlichkeit eintragen zu lassen. Die Eigenschaft als „Corporation limited" erhält sie nach den gesetzlichen Bestimmungen, die für alle Gesellschaften gelten.

Mitgliedschaft

Der Eintritt eines Handels- und Gewerbetreibenden in die Handelskammer ist vollkommen freiwillig. Er erfolgt auf Grund eines Eintrittsgesuches durch Aufnahmebeschluß des Handelskammerausschusses. Er verpflichtet zur Zahlung eines Eintrittsgeldes und zur Leistung der Jahresbeiträge. Mehrmals im Jahre tritt die Handelskammer zu Generalversammlungen, zur Vornahme von Wahlen, zu Beratungen und Beschlußfassungen zusammen. Neben den Versammlungen der ganzen Kammer finden in manchen Kammern Zusammenkünfte der Kammermitglieder gewisser Branchen (Trade Sections) zur Beratung ihrer Spezialinteressen statt. Diese Trade Sections wählen einen Vorsitzenden, welcher sie im Ausschuß der Handelskammer, deren Mitglied er ohne weiteres ist, vertritt.

Kammerausschuß

Bei jeder Kammer besteht ein als Kammerrat oder Kammeramt (Council oder Board) bezeichneter Ausschuß. In diesen wählt die Generalversammlung alljährlich, in der Regel auf drei Jahre, eine Anzahl von Mitgliedern. Neben diesen gewählten Mitgliedern gehören den Ausschüssen ex officio der Lord-Mayor und die members of Parliament des Kammersitzes und andere von der Kammer hierzu bestimmte Personen, auch Vertreter von Vereinen an. Der Ausschuß hat die Aufgabe, unter der Aufsicht und

Oberkontrolle der Gesamtheit der Kammermitglieder alle Geschäfte der Kammer zu führen. Zur Erledigung bestimmter Verwaltungsaufgaben, sowie zur Verfolgung bestimmter Beratungsgegenstände setzen die Kammerausschüsse Komitees ein.

Funktionen.

Die Handelskammern betrachten sich als freie Vermittler zwischen der britischen Kaufmannschaft einerseits, den Regierungsbehörden und dem Parlamente andererseits. Durch Abordnung von Deputationen und durch Ausarbeitung von Denkschriften und Eingaben nehmen sie Einfluß auf die Behandlung aller Handel und Industrie berührenden Fragen. Sie stehen in Korrespondenz mit dem Auswärtigen und dem Kolonialamt, in besonderem Grade mit dem Ministerium des Innern und dem Handelsamte. Letzteres hat, von seinen exekutiven Aufgaben eines Handelsministeriums abgesehen, als beratende Handelsabteilung des Staatsrats die Pflicht der regelmäßigen Kenntnisnahme aller Wünsche und Bedürfnisse von Handel und Verkehr. Bei der Erfüllung dieser Pflicht leisten die Handelskammern wertvolle Hilfe. Für die Prüfung von Gesetzesvorlagen, Privilegienbewerbungen usw. haben die Handelskammern größere Bedeutung erlangt, als sie die hierfür bestimmten Parlamentsausschüsse besitzen. Oeffentlich-rechtliche Befugnisse haben die englischen Kammern nicht; doch erkennen einige auswärtige Regierungen die von ihnen ausgestellten Ursprungszeugnisse und Legitimationen für Geschäftsreisende an.

Außer mit den erwähnten Leistungen für die Allgemeinheit beschäftigen sich die Kammern auch mit besonderen Diensten, die sie ihren Mitgliedern bieten. Sie geben Auskünfte über Zolltarife und -ordnungen, über statistische Fragen, über Marktpreise und Adressen. Sie bestellen Schiedsgerichte für Handelsstreitigkeiten und schlichten Konflikte zwischen Arbeitgebern und -nehmern. Durch Veranstaltung von Meetings und Vorlesungen und durch Publikationen fördern sie die wirtschaftliche Bildung ihrer Mitglieder. Endlich widmen sie sich in hohem Grade dem gewerblichen und kaufmännischen Schulwesen.

Obwohl die englischen Handelskammern durch keinerlei allgemeine Gesetzesvorschriften einheitlich organisiert sind, unterscheiden sie sich in Verfassung und Tätigkeit nur wenig voneinander. Ihre Statuten und Geschäftsordnungen stimmen vielmehr teilweise im Wortlaute überein. Natürlich aber sind die Kammern je nach der Größe des von ihnen vertretenen Handelsplatzes an Mitgliederzahl, Einkommen und Umfang der Geschäfte verschieden.

Die Handelskammer London. Mitglieder.

Die Handelskammer zu London besaß am 31. Dez. 1904 3738 Mitglieder. Die Aufnahme erfolgt durch das Council der Handelskammer auf schriftliches Gesuch, welchem die Empfehlung des Bewerbers durch zwei Kammermitglieder beiliegen muß. Außer Einzelpersonen dürfen auch Firmen beitreten; diese müssen in ein vom Council geführtes Register ihre Zusammensetzung und alle etwaigen Veränderungen in dasselbe eintragen. Der Mitgliedsbeitrag beträgt für Einzelpersonen 2 £ 2 s, für Firmen 3 £ 2 s. Dies ergibt, zuzüglich Einnahmen aus anderen Quellen, einen Gesamtbetrag von ca 15000 £. Austrittserklärungen müssen einen Monat vor Schluß eines Beitragsjahres schriftlich erfolgen. Die Kammer ist befugt, Mitglieder durch Majoritätsbeschluß auszuschließen. Die ordentliche Jahresversammlung der Handelskammer hört einen Bericht des Councils über seine Tätigkeit, prüft die Jahresrechnung und wählt den Präsidenten für das nächste Jahr, die ausscheidenden Councilmitglieder und Rechnungsprüfer. Auf Antrag von sechs Councilmitgliedern oder 50 Kammermitgliedern ist eine besondere Versammlung zu berufen. Nur in Kammerversammlungen können Veränderungen in der Zusammensetzung des Councils oder Auflösungen und Wiedereinsetzungen von Sektionen vorgenommen werden. Die Umstoßung von Kammerbeschlüssen kann nur in Kammerversammlungen beschlossen werden, welche eigens hierzu einberufen sind. Die Handelskammern sehen von jeder politischen Parteinahme ab. Jedes Kammermitglied hat das Recht, bei den Sitzungen des Councils ohne Stimmrecht anwesend zu sein.

Trade Sections.

Die Zahl der bei der Londoner Handelskammer bestehenden Kammerabteilungen (Trade Sections) beträgt 37. Sie vereinen Kammermitglieder zur Beratung und Beschlußfassung über die Interessen des Geschäfts in gewissen Branchen oder des Geschäfts mit bestimmten Ländern. Kein Sektionsbeschluß bindet die Kammer, wenn er nicht durch das Council bestätigt ist. Die Sektionen hielten insgesamt im Jahre 1904 117 Sitzungen ab.

Council.

Dem Council der Londoner Handelskammer, welches alle Befugnisse der Handelskammer ausübt, soweit sie nicht der Generalversammlung vorbehalten sind, gehören ex officio der Lord-Mayor von London, die Mitglieder des Parliament of City und der Gouverneur der Bank von England u. a. an. Die Handelskammer wählt 36 Councilmitglieder auf drei Jahre, von denen jährlich der dritte Teil ausscheidet. Mitglieder des Councils waren im Jahre 1904 ferner die Vertreter von 30 Londoner kaufmännischen Vereinen (associations) und die Deputierten der 37 Kammersektionen. Das Council trat 1904 achtzehnmal zusammen. Dem Council steht als beratendes Organ für wichtige Fragen das Council of reference zur Seite, das aus 33 ehemaligen Councilmitgliedern besteht und von der Handelskammer gewählt wird.

Committees.

Zur Erledigung bestimmter Verwaltungszweige und Beratungsstoffe hat das Council 13 Komitees gebildet. Diese hielten 1904 94 Sitzungen ab, von denen auf das Schiedsgerichtskomitee und das Handelsschulkomitee allein 20 und 22 Sitzungen entfielen.

Aufgaben und Leistungen.

Die Handelskammer London übt durch das Council und dessen

Hilfsorgane eine umfangreiche Tätigkeit aus. Durch Eingaben, Beschlüsse und Deputationen vertritt sie gegenüber Gesetzgebung und Verwaltung die Interessen von Handel und Gewerbe. Außerdem dient sie der Unterhaltung, Belehrung und Bequemlichkeit ihrer Mitglieder. Sie stellt ihnen in der Art eines Klubs Räume zur Verfügung wo sie Gelegenheit zum Lesen, Schreiben, zur Abhaltung von Konferenzen usw. finden. Sie besitzt eine Bibliothek und unterhält Beamte, welche den Kammermitgliedern über Handelsverhältnisse des Auslands, über Zolltarife usw. usw. Auskünfte erteilen. Im Jahre 1904 wurden 2398 Anfragen beantwortet. Im gleichen Jahre stellte sie 1699 Ursprungszeugnisse aus. Sie gibt ein Handelskammerjournal heraus, das monatlich erscheint und besonders der Förderung des Handels mit dem Auslande dient. Sie widmet sich ferner der Stellenvermittlung; im Jahre 1904 wurden 1159 Stellen angeboten und 2053 Stellen gesucht. Endlich beschäftigt sich die Handelskammer London mit der Verbesserung der kaufmännischen Schulbildung. Doch begründet und verwaltet sie keine eigenen Schulen, sondern beschränkt sich darauf, die Oeffentlichkeit auf die Notwendigkeit einer gründlichen Bildung für junge Kaufleute hinzuweisen und durch Veranstaltung von Examen und Ausstellung von Zeugnissen über das Bestehen derselben die private Handelsschultätigkeit zu heben. Im Jahre 1904 lagen 4722 Meldungen zu Examen vor; 2548 Zeugnisse über bestandene Examen wurden erteilt. Außerdem veranstaltet die Handelskammer in Gemeinschaft mit dem City of London College und dem London City Council Vorlesungen und Kurse, welche eine weitere Ausbildung in den Kaufmannswissenschaften bezwecken.

Handelskammervereinigung. Aufgaben.

Der größte Teil der englischen Handelskammern, deren Zahl etwa 100 beträgt, ist heute in der 1860 gegründeten und 1875 eingetragenen Association of Chambers of Commerce of the united Kingdom vereinigt. Diese hat die Aufgabe, durch Beratungen in ihren Versammlungen und ihren Vorstand, durch Sammlung und Verbreitung von tatsächlichen Nachrichten, durch Eingaben und Deputationen, welche sie an die Regierung und an das Parlament richtet, die Interessen von Handel, Schiffahrt, Verkehr und Industrie zu vertreten, Gesetzesvorlagen in diesem Sinne vorzubereiten und zu empfehlen, gefährlich scheinende Maßregeln zu hindern und so durch vereintes Vorgehen der Kammern Erfolge zu erzielen, die für jede einzelne Kammer unerreichbar wären.

Mitglieder.

Mitglied der Assoziation kann jede englische Handelskammer werden, deren Aufnahme der Vorstand genehmigt, und die den verlangten Jahresbeitrag bezahlt. Die Höhe des Beitrags und die Zahl der Stimmen, welche eine Handelskammer bei den Abstimmungen der Generalversammlungen abzugeben berechtigt ist, richten sich nach der Mitgliederanzahl jeder Handelskammer. Der Vorstand hat das Recht, Parlamentsmitglieder, welche Städte oder Ortschaften vertreten, deren Handelskammern Mitglieder der Vereinigung sind, zu Ehrenmitgliedern zu ernennen. Solche Ehrenmitglieder werden in größerer Zahl ernannt. Da auch unter den ordentlichen Vertretern der Mitgliedskammern Parlamentsmitglieder sind — der Präsident der Assoziation pflegt es meistens zu sein — besitzt die Assoziation eine zahlreiche Vertretung im englischen Parlament, welcher sie zum Teil ihren großen Einfluß verdankt. Englische Handelskammern im Auslande oder in den Kolonien können vom Vorstande als korrespondierende Mitglieder der Handelskammervereinigung aufgenommen werden.

General-versammlung.

Alljährlich muß im Frühjahr eine Generalversammlung stattfinden, in welcher u. a. vom Vorstand Bericht über seine Tätigkeit und über den Vermögensstand der Vereinigung erstattet wird. In der Regel findet im Herbst eine zweite Generalversammlung statt. Auf Antrag von mindestens fünf Mitgliedern müssen weitere Versammlungen einberufen werden. Bei Anwesenheit von auch nur fünf Mitgliedern ist die Versammlung beschlußfähig. Die auf der Tagesordnung stehenden Verhandlungsgegenstände müssen in der angegebenen Reihenfolge behandelt werden. Nur mit Zweidrittelmajorität können Resolutionen gefaßt werden. Ueber die Generalversammlung werden umfangreiche Berichte veröffentlicht.

Vorstand.

Der größte Teil der Funktionen der Association of Chambers of Commerce wird, da die Generalversammlung nur zweimal im Jahre zusammenzutreten pflegt, vom Vorstand ausgeübt. In diesen wählt die erste ordentliche Generalversammlung des Jahres einen Präsidenten, zwei Vizepräsidenten, einen Schatzmeister, zwei Schriftführer und 25 andere Mitglieder. Frühere Präsidenten sind ex officio Mitglieder des Vorstands. Der Vorstand beruft die Generalversammlungen ein, stellt ihre Tagesordnungen fest, leitet die Geschäfte der Assoziation, handelt in ihrem Namen und führt ihr Siegel. Der Vorstand ist ferner berechtigt, Geschäftslokale zum Gebrauch der Assoziation zu mieten und Ausgaben für sie zu machen. Er stellt Sekretär und Leiter der Geschäftsstelle mit dem nötigen Hilfspersonal an. Die Geschäftsordnungen für die Verwaltung der Assoziation werden vom Vorstand erlassen.

Geschäftsstelle.

Die ständige Geschäftsstelle der Assoziation hat die Aufgabe, jeder der vereinigten Kammern möglichst schnell Kenntnis von Gesetzesvorlagen, Parlamentsanträgen und anderen, die Interessen des Handels berührenden Vorkommnissen zu geben. Sie soll ferner jeder beigetretenen Kammer zum Selbstkostenpreise Bücher, parlamentarische oder andere Schriften, die sie bestellt, verschaffen, und solchen Kammern Beistand leisten, welche eine Unterredung mit einem Parlamentsmitglied, offiziellen Personen oder öffentlichen Behörden zu haben wünschen. Die Geschäftsräume müssen deshalb statutengemäß in der Nähe der Parlamentsgebäude gelegen sein und für die Mitglieder der angeschlossenen Kammern, welche in ihnen Auskünfte und Beistand suchen, während der üblichen Geschäftsstunden jederzeit zugänglich sein.

Deutschland.

Nach der Verfassung des Deutschen Reiches unterliegen die Handelsgesetzgebung und die Bestimmungen über den Gewerbebetrieb der Reichsgesetzgebung, so daß das Reich auch zur Regelung der Interessenvertretung von Handel und Gewerbe zuständig ist. Trotzdem ist die Organisation der Interessenvertretung des Handels bisher der bundesstaatlichen Gesetzgebung überlassen geblieben, während die Vertretung des Handwerks im Jahre 1897 durch ein Reichsgesetz geregelt wurde. Infolgedessen gibt es im Handelskammerwesen Deutschlands große Verschiedenheiten. Alle deutschen Bundesstaaten, mit Ausnahme von Waldeck und Schaumburg-Lippe, besitzen Handelskammern, von denen die bayrischen und eine sächsische mit Gewerbekammern zur Vertretung des Handwerks verbunden sind. Die Gesamtzahl der amtlichen deutschen Handelsvertretungen beträgt zurzeit 151, zu denen noch 2 Kleinhandelskammern (Hamburg, Bremen) treten; von diesen kommen allein 90 auf Preußen.

Preußen.

Entstehung der kaufmännischen Interessenvertretung.

Unter Napoleon I. wurden in Frankreich die in der Revolution offiziell beseitigten Handelskammern wiederhergestellt. In den durch die Napoleonischen Kriege an Frankreich gekommenen Ländern wurden gleichfalls Vertretungen nach französischem Muster eingerichtet. Auch in den preußischen linksrheinischen Landesteilen wurden mehrere Handels- oder Gewerbekammern gegründet, welche teils wieder eingingen, teils, wie die von Köln, Aachen und Krefeld, mit mannigfachen Wandlungen noch heute bestehen.

Etwas jünger, nicht vom französischen Vorbild abhängig, sondern ganz deutschen Ursprungs, sind die in den Jahren 1820 bis 1825 östlich der Elbe begründeten kaufmännischen Korporationen von Berlin, Stettin, Danzig, Elbing, Königsberg, Tilsit, Memel und Magdeburg. Die meisten von ihnen entstanden durch den Zusammenschluß mehrerer alter Kaufmannsgilden. Gewisse kaufmännische Rechte (Wechselfähigkeit usw.) standen an Orten, wo Korporationen vorhanden waren, nur deren Mitgliedern zu. Die Obliegenheiten der Korporationen, die allgemeine Vertretung der Interessen des Handels, die einst von Gilden und Innungen ausgeübte Verwaltung von Börsen und sonstigen Anstalten zur

Förderung des Handels, die Auswahl von Maklern, Messern, Hafenmeistern usw. wurden von den „Vorstehern“ oder „Aeltesten der Kaufmannschaft“ wahrgenommen.

Eine dritte Gruppe der älteren preußischen Handelsvertretungen bilden die Handelskammern, welche von der preußischen Regierung 1830—1840 am Rhein oder in seiner unmittelbaren Nähe, etwas später auch in dem Gebiete zwischen Rhein und Elbe errichtet wurden. Wie die Kammern aus der französischen Zeit waren sie offizielle Institutionen; wie diese waren sie vorwiegend als Organe zur Beratung und Unterstützung der Behörden gedacht.

Gesetzliche Regelung.

Eine erstmalige allgemeine gesetzliche Grundlage für die Errichtung und Tätigkeit der Handelskammern wurde im Jahre 1848 durch eine Königliche Verordnung geschaffen. Diese gestaltete die Bestimmungen für die Organisation der Handelskammern in den wesentlicheren Punkten einheitlich. Unter den Bedingungen dieser neuen generellen Ordnung wurden in den Jahren 1848 bis 1870 33 neue Kammern von der Regierung genehmigt. Die Einheitlichkeit in der Organisation der preußischen Handelskammern wurde aber hinfällig, als Preußen nach dem Kriege des Jahres 1866 eine wesentliche Gebietserweiterung erfuhr. In Altona bestand seit 1738 zur Vertretung des Handels ein Kommerzkollegium, in Frankfurt a. M. seit 1807 eine Handelskammer. Im Herzogtum Nassau gab es seit 1864, in Hannover seit 1866 eine Reihe von Handelskammern. Die so entstandene Uneinheitlichkeit in der Organisation der Handelskammern und das Bestreben, die Stellung der Handelskammern selbständiger zu gestalten, führte zu einer gesetzlichen Neuregelung des Handelskammerwesens. Das Gesetz vom 24. Febr. 1870 ist noch heute, durch die Novelle vom 19. Aug. 1897 in einigen wichtigen Punkten abgeändert, in Kraft.

Heutige Verfassung.

Von den heute bestehenden gesetzlich anerkannten Handelsvertretungen sind 83 Handelskammern und 7 Korporationen. Die Bezirke der Handelsvertretungen umspannen nicht die ganze Monarchie, von der vielmehr etwa zwei Neuntel, meist für Handel und Industrie unbedeutende Gebiete, ohne Handelsvertretungen sind. Alle Handelsvertretungen bestehen für die Förderung von Handel und Industrie, nicht aber zugleich für die des Handwerks. Die Befugnisse und Aufgaben sind bei Handelskammern und Korporationen in der Regel dieselben. In der Organisation unterscheiden sich die beiden Arten preußischer Handelsvertretungen im wesentlichen aber dadurch, daß dem Wahlkörper der Handelskammer jede ins Handelsregister eingetragene und zur Gewerbesteuer veranlagte Firma mit der Verpflichtung zu den Handelskammerkosten beizutragen angehört, während bei den Korporationen Beitritt und deshalb auch Beitragsleistung ganz freiwillig sind.

Die Initiative zur Errichtung von Handelskammern hat von den beteiligten Kaufleuten auszugehen, doch ist die Genehmigung des Handelsministers zur Errichtung nötig. Dieser bestimmt auch den Sitz, den Amtsbezirk und die Mitgliederzahl der neuen Kammern. Geschäftsordnung und Wahlmodus bestimmt die neue Kammer im Rahmen der Gesetzesvorschriften selbst und hat dem Minister hiervon nur Kenntnis zu geben. Handelskammern. Organisation.

Voraussetzung zur Wahlberechtigung ist die Veranlagung zur Gewerbesteuer; wenn das Statut es erfordert, die zu einer bestimmten Steuerstufe. Wahlberechtigt sind die in einem Handels- oder Genossenschaftsregister des Kammerbezirks eingetragenen Kaufleute, Gesellschaften und Genossenschaften, sowie die im Kammerbezirk Bergbau treibenden Bergwerksbesitzer oder -Pächter, Gewerkschaften und Gesellschaften, auch wenn sie nicht ins Handelsregister eingetragen sind. Nicht wahlberechtigt sind dagegen Reichs- und Staatsbetriebe, in der Regel auch land- und forstwirtschaftliche Nebenbetriebe und landwirtschaftliche und Handwerksgenossenschaften. Das Wahlrecht ist persönlich, eventuell auch durch Prokuristen auszuüben; Frauen müssen sich vertreten lassen. Wahlberechtigung.

Wählbar sind 25 Jahre alte, wahlberechtigte deutsche Staatsangehörige; die Prokuristen dürfen jedoch nicht mehr als ein Viertel der Kammermitglieder ausmachen. Mit Zweidrittelmehrheit können Kammermitglieder ausgeschlossen oder einstweilen suspendiert werden. Kammermitglieder, welche ihre kommerzielle oder industrielle Tätigkeit, die sie wählbar machte, aufgeben, verlieren das Mandat; doch können sie von der Kammer zugewählt werden. Wählbarkeit.

Die Kammermitglieder werden auf sechs Jahre gewählt; alle zwei Jahre scheidet ein Drittel von ihnen aus. Das Wahlsystem wird durch Statut bestimmt. In Ermangelung einer solchen Bestimmung gilt das sogenannte gesetzliche Dreiklassenwahlsystem. Statt dieses kann das Statut andere Wahlsysteme, durch die das Stimmrecht nach der Höhe der Veranlagung zur Gewerbesteuer oder nach Abteilungen abgestuft wird, oder auch das allgemeine gleiche Wahlrecht anordnen. Letzteres ist bei 46 Handelskammern, wie auch bei den 7 Korporationen in Geltung. Wahlmodus.

Alljährlich wählt jede Handelskammer einen Präsidenten und einen oder zwei Vizepräsidenten. Die Geschäftsführung ordnen die Kammern selbständig durch Geschäftsordnungen. Diese beziehen sich auf die Abhaltung der Sitzungen, die Erledigung der Korrespondenz und der sonstigen laufenden Geschäfte, sowie auf die Bildung von Kommissionen und Ausschüssen, welche einzelne Angelegenheiten vorbereiten oder Geschäftszweige der Verwaltung erledigen. Nach freier Wahl können die Kammern Se- Geschäftsführung.

kretäre (Syndici) und das nötige Hilfspersonal anstellen. Die Handelskammerbeamten gelten als mittelbare Staatsbeamte. Nur wenige kleinere Kammern haben auf die Anstellung eines Sekretärs verzichtet, andere besitzen einen großen Beamtenstab. Die Sitzungen sind nicht öffentlich, doch kann die Oeffentlichkeit beschlossen werden. Dagegen sollen die Handelskammern ihren Wählern aus den Protokollen durch die Presse oder sonstwie Mitteilungen machen. Alljährlich berichten sie über die Entwicklung von Handel und Industrie ihres Bezirks. Sie unterstehen der Aufsicht des Ministers für Handel und Gewerbe.

Aufgaben.

Die Aufgabe der Handelskammern ist nach dem Wortlaut des Gesetzes, „die Gesamtinteressen der Handel- und Gewerbetreibenden ihres Bezirkes wahrzunehmen, insbesondere die Behörden in der Förderung des Handels und der Gewerbe durch tatsächliche Mitteilungen, Anträge und Erstattung von Gutachten zu unterstützen." Die Handelskammern haben das Recht, mit allen obersten Behörden unmittelbar zu verkehren und gegenüber staatlicher und kommunaler Gesetzgebungs- und Verwaltungstätigkeit die Interessen von Handel und Industrie zu vertreten. Die Unterstützung der Behörden ist nicht nur das vornehmste Recht der Handelskammern, sondern zugleich ihre Pflicht, indem sie dem Ersuchen von Verwaltungs- oder Gerichtsbehörden um tatsächliche oder gutachtliche Mitteilungen entsprechen müssen.

Neben ihren Funktionen als beratende Fachorgane des Staats besitzen die Handelskammern eine Reihe anderer öffentlich-rechtlicher Funktionen. An allen Orten, wo sie ihren Sitz haben, werden von ihnen, wenn auch unter Vorbehalt der Bestätigung des Regierungspräsidenten, die Handelsmakler ernannt. Börsen und andere dem Handelsverkehr dienenden öffentliche Anstalten können unter ihre Aufsicht gestellt werden. Durch die Novelle vom Jahre 1897 erhielten die Handelskammern die früher meist schon den Korporationen zustehenden Befugnisse, Dispacheure und solche Gewerbetreibende der in § 36 der Reichs-Gewerbeordnung bezeichneten Art, deren Tätigkeit in das Gebiet des Handels fällt, öffentlich anzustellen und zu beeidigen. Es sind das Bücherrevisoren und die Personen, welche den Feingehalt edler Metalle oder die Beschaffenheit, Menge oder richtige Verpackung von Waren irgend einer Art feststellen, wie Güterbestätiger, Schaffner, Wäger, Messer, Bracker, Schauer, Stauer usw. Den Handelskammern liegt auch die Ausstellung von Ursprungszeugnissen und anderen dem Handelsverkehr dienenden Bescheinigungen ob. Durch verschiedene Reichs- und Landesgesetze ist den Handelskammern aufgegeben, gutachtliche Vorschläge zur Ernennung von Handelsrichtern zu machen, Revisoren zur Prüfung des Hergangs der Gründung von Aktiengesellschaften zu bestellen, Mitglieder in die Bezirkseisenbahnräte zu wählen, die Amtsgerichte bei der Führung der Handelsregister zu unterstützen.

Die Handelskammern haben endlich das Recht, Anstalten, Anlagen und Einrichtungen, die die Förderung von Handel und Gewerbe, sowie die technische und geschäftliche Ausbildung, die Erziehung und den sittlichen Schutz der darin beschäftigten Gehilfen und Lehrlinge bezwecken, zu begründen, zu unterhalten und zu unterstützen. Die Kammern haben von diesem Recht in sehr verschiedenem Maße Gebrauch gemacht. Manche Kammern besitzen Börsen, Handelsmuseen, öffentliche Lagerhäuser, Verkehrs- und Schiffahrtsanlagen, Fach- und Fortbildungsschulen, oder unterstützen sie. Wohl alle, auch die finanziell schwächsten Kammern haben einen Teil ihres Etats zur Förderung der kaufmännischen Bildung bestimmt, sei es, daß sie selbst Schulen unterhalten, sei es, daß sie solche unterstützen.

Kostendeckung.

Die aus der Geschäftstätigkeit der Kammern entstehenden Kosten der Handelskammern werden auf die Wahlberechtigten umgelegt. Den Maßstab bildet die staatlich veranlagte Gewerbesteuer. Ueber ihren gesamten Kassenaufwand, über ihr Kassen- und Rechnungswesen beschließen die Kammern selbständig. Doch müssen sie Budgets und Jahresrechnungen publizieren. Uebersteigt der umzulegende Betrag 10% der Gewerbesteuer, so ist die Genehmigung des Ministers notwendig, ebenso wenn einzelnen Teilen des Bezirks oder bestimmten Branchen zur Deckung der Kosten von Unternehmungen, die ihnen in besonderem Maße zugute kommen, besondere Abgaben auferlegt werden. Die Erhebung der Handelskammerbeiträge muß auf den Wunsch der Kammern seitens der Gemeinden erfolgen. Diesen steht dafür eine Vergütung von höchstens 3% des Betrages zu.

Kaufmännische Korporationen.

Als eine besondere Gattung von Handelsvertretungen bestehen in Preußen neben den Handelskammern die kaufmännischen Korporationen. Ihre Zahl beträgt nach der Umwandlung der Magdeburger Korporation und des Altonaer Kommerzkollegiums in Handelskammern einschließlich der weiter unten gesondert zu betrachtenden Berliner Korporation noch sieben. Außer in Berlin befinden sie sich in Stettin, Danzig, Elbing, Königsberg, Memel und Tilsit. Die Mitgliedschaft bei ihnen ist, seit durch die neuere Handelsgesetzgebung die Rechtsprivilegien der Korporationsmitglieder aufgehoben wurden, ganz freiwillig und persönlich. Sie verpflichtet zur Zahlung eines Eintrittsgeldes und bestimmter Jahresbeiträge. Sie berechtigt zur Benutzung der gemeinnützigen Korporationsunternehmungen und ist nur an einigen Orten an die Voraussetzung der Eintragung ins Handelsregister geknüpft. Den Hauptversammlungen der Mitglieder steht die Prüfung der Budgets und Rechnungen sowie die Genehmigung von Verfassungsänderungen zu. Die Ausübung aller sonstigen Aufgaben und Befugnisse ist durch die Statuten den Vorsteherämtern übertragen.

Vorsteher.

Die Vorsteherämter, auch Aelteste der Kaufmannschaft genannt, werden in allgemeiner Wahl von der korporierten Kaufmannschaft gewählt. Sie sind Vertreter der Korporation und üben deren Rechte aus. Ein Obervorsteher mit ein bis zwei Beisitzern führen, von eigenen Beamten unterstützt, die Geschäfte.

Finanzkommission.

Als drittes Organ besteht bei den meisten Korporationen eine aus Mitgliedern des Vorsteheramtes und Vertretern der Hauptversammlung gebildete Finanzkommission. Diese teilt die Korporationsmitglieder nach dem Umfang ihrer Geschäfte und nach ihrer unmittelbaren und mittelbaren Beteiligung an den Vorteilen der Börsen und sonstigen Einrichtungen und Anstalten in Klassen ein. Die Mitglieder haben zu ihren festen Jahresbeiträgen je nach der Zugehörigkeit zu den verschiedenen Beitragsklassen Zuschläge zu zahlen.

Aufgaben.

Die Verschiedenheiten von Korporation und Handelskammer beschränken sich auf die Verfassung. Aufgaben und Befugnisse sind bei Handelskammern und Korporationen gleich. Auch letztere haben die Aufgabe, die Gesamtinteressen von Handel und Industrie durch Gutachten, Mitteilungen und Petitionen an Behörden und Gerichte zu fördern, haben die öffentlich-rechtliche Funktion der Ernennung, Vereidigung und Beaufsichtigung der für Handel und Verkehr wichtigen Vertrauensbeamten (Dispacheure, Messer, Wäger, Sachverständige usw.) zu vollziehen und genießen das Recht der Gründung und selbständigen Verwaltung von Anstalten und Einrichtungen, welche Handel und Industrie dienen. Sie verwalten und besitzen Holzmeßämter, Wiegeämter, Speicherbahnen, Eisbrechdampfer, Börsen, Pulver- und Petroleumlagerhäuser usw. und unterstützen durch Zuschüsse oder Garantiezeichnungen kaufmännische Schulen, Verkehrswege usw.

Berlin. Korporation und Handelskammer.

Die Gesetzgebung der Jahre 1870 und 1897 hat die kaufmännischen Korporationen nur in wenigen Punkten berührt, z. B. durch die Ermächtigung, sich in Handelskammern umzuwandeln oder sich mit solchen zu vereinigen. Für den Fall, daß neben einer neuerrichteten Handelskammer eine Korporation weiterbestehen sollte, war keine Vorsorge getroffen. Dieser Fall trat in Berlin ein, als die Korporation der Kaufmannschaft den Antrag, sich in eine Handelskammer umzuwandeln, am 10. Dez. 1901 ablehnte und der Handelsminister auf das Gesuch einer großen Anzahl von Handel- und Gewerbetreibenden die Errichtung einer Handelskammer für Berlin und seine Nachbarstädte Charlottenburg, Schöneberg und Rixdorf verfügte, welche am 2. April 1902 ihre Tätigkeit begann. Es bestanden so nebeneinander zwei zur Ausübung der gesetzlichen Befugnisse berechtigte, vom Gesetz anerkannte Handelsvertretungen. Deshalb ermächtigte ein Gesetz vom 2. Juli 1902 den Minister für Handel und Gewerbe, zu bestimmen, welche Funktionen des öffentlichen Rechtes noch von der Korporation auszuüben seien. Durch Verfügung vom 3. Dez. 1902 bestimmte der Minister, daß die Korporation auch weiterhin bei der Feststellung der Grenzen von Industrie und Handwerk sowie bei der Frage der Vereinigung von Nachbarorten für die Zwecke des Handelsregisters Gutachten abgeben und bei der Führung des Handelsregisters mitwirken solle, wogegen ihr andere öffentlich-rechtliche Befugnisse, wie die Ernennung von Dispacheuren usw., die Ausstellung von Ursprungszeugnissen, der Vorschlag von Handelsrichtern usw., von nun ab nicht mehr zustanden. Die Aufsicht über die Börse wurde der Handelskammer übertragen; dagegen verblieb die finanzielle Verwaltung der Börse bei der Korporation, die auch Eigentümerin des Börsengebäudes ist.

Wirksamkeit der Korporation.

Die Grundlagen der Tätigkeit der Korporation blieben unverändert. Sie hat nach ihrem Statut die Bestimmung, die Gesamtinteressen des Handels und der Industrie ihres Bezirks wahrzunehmen, insbesondere die Behörden in der Förderung von Handel und Industrie durch tatsächliche Mitteilungen, Anträge und Erstattung von Gutachten zu unterstützen. Sie ist befugt, Anstalten, Anlagen und Einrichtungen, welche die Förderung von Handel und Gewerbe, sowie die technische und geschäftliche Ausbildung, die Erziehung und den sittlichen Schutz der darin beschäftigten Gehilfen und Lehrlinge bezwecken, zu begründen, zu unterhalten und zu unterstützen. Auf diesen Gebieten ist sie berechtigt, dieselben Funktionen auszuüben wie die Handelskammer.

Die finanzielle Grundlage der Korporation bildet die Bestimmung ihres Statuts, daß jedes Mitglied einen jährlichen Kostenbeitrag von 18 Mk. zahlt — ein Eintrittsgeld wird nicht erfordert — und die Korporation befugt ist, soweit ihre anderweitigen Einnahmen nicht ausreichen, den Bedarf durch Gebühren zu decken, welche für den Besuch oder für die Benutzung der Einrichtungen der Börse (der Börsenschiedsgerichte, der Zulassungstelle usw.) von den Beteiligten ohne Rücksicht auf deren Zugehörigkeit zur Korporation zu erheben sind.

Die Korporation erwählt alljährlich nach dem allgemeinen gleichen Wahlrecht das aus 27 Mitgliedern bestehende Kollegium der Aeltesten der Kaufmannschaft von Berlin, welches sämtliche Befugnisse der Korporation ausübt und die Verwaltung führt. Das finanzielle Gebaren der Aeltesten der Kaufmannschaft unterliegt der Kontrolle einer besonderen Finanzkommission, welche von den Mitgliedern der Korporation gewählt wird.

Abgesehen von verschiedenen anderen Einrichtungen übt die Korporation auf dem Gebiete des kaufmännischen Schulwesens eine lebhafte Tätigkeit aus, indem sie kaufmännische Fortbildungsschulen für männliche und weibliche Angestellten unterhält und neuerdings aus eigenen Mitteln eine Handelshochschule errichtet hat, die sie auch aus eigenen Mitteln und selbständig unterhalten wird.

Bayern.

Entwickelungsgeschichte.

Die bayerischen Handels- und Gewerbekammern blicken auf eine wechselvolle Organisationsgeschichte zurück. Im Jahre 1842 wurden zur Vertretung des Handels und des gesamten Gewerbes in allen Regierungskreisen Handelskammern errichtet, deren Mitglieder der König ernannte. 1848 wurde die Vertretung des eigentlichen Gewerbestandes den Handelskammern genommen und einer für das ganze Königreich in München errichteten Gewerbekammer übertragen. Um für alle beteiligten Stände aber wieder eine gleichartige Organisation zu schaffen, bestimmte 1858 eine Königliche Verordnung, daß in allen Städten, wo es wünschenswert erscheine, Gewerbe- und Handelskammern begründet würden. Diese sollten aus Wahlen hervorgehen, in Pleno die Gesamtinteressen des Bezirks vertreten und statistische Daten sammeln, und im übrigen in drei für sich arbeitende Abteilungen, den Handels-, Industrie- und Gewerberat, zerfallen. Da nun die Errichtung der Gewerbe- und Handelskammern mit ihren drei Abteilungen fakultativ blieb und andererseits die alten Handelskammern teilweise in Funktion blieben, bot bald die kaufmännische Interessenvertretung Bayerns ein eigentümlich buntes Bild. Aber schon im Jahre 1853 erfuhr sie eine Neuordnung und Klärung. Eine Königliche Verordnung hob sowohl die alten Handelskammern, wie die Gewerbe- und Handelskammern auf, machte die bisherigen Abteilungen derselben, die Handels-, Industrie- und Gewerberäte, zu ganz selbständigen Körperschaften, welche nur einmal im Jahre am Sitze ihrer Kreisregierungen zu Kreis-Gewerbe- und Handelskammern zusammentreten mußten, in der Regel auf nur zehn Tage. Auf Grund dieser Verordnung bildete sich eine größere Zahl von neuen Handels-, Industrie- und Gewerberäten, so daß die Frage der Interessenvertretungsorganisation zunächst ganz im Sinne der Dezentralisation entschieden war.

Neuere Verfassung.

Aber schon nach 15 Jahren entschloß man sich zu einer teilweisen Aufgabe des Prinzips der Spezialisierung der Interessenvertretung nach Orten und Berufen. Die Königliche Verordnung vom Jahre 1868 schuf für jeden Regierungskreis ein ständiges, dauernd tätiges Vertretungsorgan für Handel u n d Gewerbe, die Handels- und Gewerbekammern, in der im wesentlichen noch heute geltenden Organisation. Dem Verlangen nach örtlichen Interessenvertretungen trug diese durch Zulassung von Bezirksgremien, welche neben und unter den Kammern die Sonderinteressen ihrer Bezirke wahrnehmen, Rechnung. Das Verlangen nach gesonderter Vertretung der Berufsstände befriedigt sie durch Teilung der Kammern wie der Bezirksgremien in Handels- und Gewerbeabteilungen.

Durch die neueste Regelung des Handels- und Gewerbekammerwesens Bayerns, durch die Königliche Verordnung vom 25. Okt. 1889, wurde die Bedeutung und der Einfluß der Bezirksgremien verstärkt; im übrigen wurden durch sie keine wesentlichen Aenderungen herbeigeführt.

Handels- und Gewerbekammern. Aufgaben.

Die Aufgaben der Handels- und Gewerbekammern Bayerns unterscheiden sich von denen der preußischen Handelskammern nur dadurch, daß sie auch für das Kleingewerbe sorgen sollen. Sie sind gutachtliche, sachverständige Organe der Behörden, vertreten Handel, Industrie und Gewerbe durch Abgabe von tatsächlichen Mitteilungen und Vorschläge an die Behörden, verwalten oder beaufsichtigen Anstalten und Einrichtungen zur Förderung des Handels und Gewerbes, erstatten Jahresberichte und üben die durch Reichsgesetze geregelte Ernennung von Dispacheuren usw., Handelsrichtern usw. und die Börsenaufsicht aus. Auf Grund bayerischer Landesgesetze wählen sie Mitglieder in die Berufungskommissionen für Gewerbesteuersachen, in den Bayerischen Eisenbahnrat usw.

Handelskammer. — Gewerbekammer.

Jede Handels- und Gewerbekammer besteht aus zwei Abteilungen, einer Handelskammer für die Vertretung von Handel und Industrie und einer Gewerbekammer zur Vertretung der übrigen Gewerbe. Beide Abteilungen sollen die gleiche Anzahl von Mitgliedern haben. Der Vorsitzende der Kammer und sein Stellvertreter werden von ihr auf drei Jahre gewählt. Jede Kammer besteht aus mindestens vier am Sitz der Kammer wohnenden Mitgliedern, sowie den Abteilungsvorsitzenden der im Kammerbezirk befindlichen Bezirksgremien. Die Handels- und Gewerbekammern geben sich selbst ihre Geschäftsordnungen, welche der Genehmigung der Regierung unterliegen. Die Sitzungen sind in der Regel öffentlich. Die auswärtigen Mitglieder können Entschädigung für ihre Reisekosten verlangen. Für jede Handels- und Gewerbekammer ist ein Königlicher Kommissär ernannt, der bei den Sitzungen anwesend ist und stets das Wort ergreifen, aber nicht abstimmen darf. Die Anstellung eines fachwissenschaftlich gebildeten Sekretärs ist obligatorisch.

Wahlrecht.

Die nicht durch die Bezirksgremien deputierten Kammermitglieder werden auf Grund des allgemeinen gleichen Wahlrechts auf sechs Jahre gewählt. Alle drei Jahre scheidet die Hälfte von ihnen aus. Die Wahl kann nach Wahlbezirken vorgenommen werden. Durch die Distriktspolizeibehörden werden Wählerlisten aufgestellt. In die Liste für die Wahl zur Handelskammer wird ohne Antrag aufgenommen, wer ins Handelsregister eingetragen ist und selbständig ein zur Gewerbesteuer veranlagtes Gewerbe betreibt oder Vorstandsmitglied einer Aktiengesellschaft oder eingetragenen Genossenschaft ist, welche am Sitz der Kammer Handelsgeschäfte betreibt. In die Liste für die Gewerbekammerwahlen wird auf seinen ausdrücklichen Antrag aufgenommen, wer am Sitz der Gewerbekammer selbständig ein zur Gewerbesteuer von einem gewissen Mindestbetrag veranlagtes stehendes Gewerbe betreibt. Zur Wählbarkeit ist Wahlfähigkeit und ein Alter von dreißig Jahren Voraussetzung. Die Wahl kann in der Regel nur hohen Alters wegen abgelehnt werden.

Kostendeckung.

Die Kosten für die Geschäftsführung der Handels- und Gewerbekammern werden durch Beiträge der Wahlberechtigten und durch Zuschüsse aus Kreis- und Zentralfonds bestritten. Die Verteilungsgrundsätze für die Beiträge bestimmt die Regierungsbehörde. Mit ihrer Genehmigung können auch die Bezirksgremien zur Kostentragung herangezogen werden. Der Behörde sind auch jährlich die Rechnungen zur Prüfung vorzulegen.

Bezirksgremien. Aufgaben und Tätigkeit.

Die Zahlen der den acht bayerischen Handels- und Gewerbekammern unterstellten Bezirksgremien schwanken zwischen 3 und 17. Im Durchschnitt besitzt jede Kammer acht Gremien. Die Gremien haben die allgemeinen Interessen ihrer Bezirke durch Abgabe von Gutachten und Anregungen zu vertreten, besitzen auch öffentlich rechtliche Befugnisse, indem sie bei der Ernennung von Handelsmäklern und Handelsrichtern mitwirken. Sie haben das Recht, in Angelegenheiten von vorwiegend lokalem Charakter unmittelbar mit den Behörden zu verkehren, müssen hiervon jedoch, wenigstens in wichtigeren Fällen, den Handels- und Gewerbekammern Kenntnis geben. Den Kammern haben sie auch die Materialien zur Erstattung des Jahresberichtes zu besorgen. Die Anstellung eines fachwissenschaftlich gebildeten Sekretärs ist bei ihnen nicht erforderlich. Auch an den Sitzungen der Gremien nimmt ein königlicher Kommissar teil.

Bildung.

In der Regel bestehen die Gremien aus zwei Abteilungen, die der Handelskammer und der Gewerbekammer entsprechen. Doch kann an manchen Orten nur ein Handels- oder nur ein Gewerbegremium errichtet werden. Die Anzahl der Mitglieder beider Gremien braucht nicht gleich zu sein. Die Wahlen erfolgen wie zu den Handels- und Gewerbekammern. Doch sind nicht nur die Bewohner des Gremialsitzes, sondern auch die des Gremialbezirks wahlberechtigt und wählbar. Nur der Vorsitzende oder sein Vertreter muß am Sitze des Gremiums ansässig sein.

Kostendeckung.

Die Kosten für die Geschäftsführung und die an die Handels- und Gewerbekammern eventuell abzuführenden Summen werden durch Umlage auf die Wahlberechtigten und durch Zuschüsse von Gemeinde oder Distrikt aufgebracht. Die Verwaltungsbehörde des Distrikts setzt das nähere betreffend die Umlage fest; ihr ist auch alljährlich eine Abrechnung einzureichen.

Württemberg.

Als staatliche Behörde besteht in Württemberg, zum Teil aus Vertretern des Handels- und Gewerbestandes zusammengesetzt, die „Centralstelle für Handel und Gewerbe". Sie ist älter als die Handelskammern und wurde im Jahre 1848 geschaffen als eine staatliche Zentralbehörde zur Förderung von Handel und Gewerbe; es wurden ihr Handel- und Gewerbetreibende zur Seite gegeben, welche man den Gewerbevereinen des Landes entnahm. Das Bedürfnis nach einem festeren und geordneten Zusammenhang zwischen Zentralstelle und Handelsstand führte wenige Jahre später zur Errichtung von Handelskammern, welche seitdem die Vertreter von Handel und Gewerbe in die Zentralstelle entsenden. Zentralstelle für Gewerbe u. Handel.

Die vier ältesten württembergischen Handels- und Gewerbekammern wurden im Jahre 1855 auf Grund einer im Jahr zuvor ergangenen Königlichen Verordnung errichtet. Ihre Mitglieder wurden vom Könige ernannt. Ihre Aufgabe war die Unterstützung der Behörden durch Gutachten und Ratschläge, die Aufsicht über die dem Handel dienenden Anstalten und Einrichtungen und eine erhebliche schiedsrichterliche Tätigkeit. Im Jahre 1858 fiel die Ernennung der Mitglieder durch den König fort, und es wurde die Wahl durch Handel- und Gewerbetreibende, welche von der Zentralstelle für Gewerbe und Handel auf die Wählerlisten gesetzt wurden, eingeführt; gleichzeitig vermehrte sich die Zahl der Kammern auf acht. Die Bezirke dieser Kammern bedecken die ganze Monarchie. Handelskammern. Geschichte.

Im Jahre 1874 erfolgte eine gesetzliche Regelung der auf Grund Königlicher Verordnungen errichteten Kammern. Diese gaben ihre schiedsrichterlichen Aufgaben ab und erhielten die Aufgabe, statistisch tätig zu sein. Wählbarkeit und Wahlberechtigung wurde von der Bedingung der Veranlagung zur Gewerbesteuer und der Eintragung ins Handelsregister (bei Handwerkern von der Anmeldung zur Wählerliste) abhängig gemacht. Nach wie vor vertraten die Kammern (ohne Trennung in Abteilungen) Handel, Industrie und Handwerk.

Als im Gefolge der Reichsgewerbeordnungsnovelle vom Jahre 1897 Württemberg zur Vertretung des Handwerksstandes Handwerkskammern bildete, wurde eine Neuordnung der Befugnisse und der Organisation der Handels- und Gewerbekammern notwendig. Diese wurden durch das Gesetz vom 28. März 1900 in reine Handelskammern umgewandelt.

Die heutigen acht Handelskammern umfassen das gesamte württembergische Staatsgebiet. Sie haben die gleichen allgemeinen Befugnisse wie die preußischen Handelskammern und darüber hinaus einen Anspruch darauf, in allen wichtigen Handel und Industrie berührenden Fragen gehört zu werden. Außerdem sind sie befugt, in die Königliche Württembergische Zentralstelle Aufgaben und Rechte.

für Gewerbe und Handel und in den Beirat für Verkehrsanstalten Mitglieder zu entsenden, Bücherrevisoren anzustellen und zu vereidigen usw. Dazu kommen die durch Reichsgesetze den deutschen Handelsvertretungen zugewiesenen Aufgaben.

Zusammensetzung.

Wahlrecht und Beitragspflicht haben die zur Gewerbesteuer veranlagten, ins Handels- oder Genossenschaftsregister eingetragenen Firmeninhaber, Gesellschaften und Genossenschaften des Bezirks, die Inhaber von im Bezirk gelegenen Filialen auswärtiger, gerichtlich eingetragener gewerbesteuerpflichtiger Unternehmen, ebenso gewisse Staatsbetriebe und Vorschuß- und Kreditvereine und auf Antrag land- und forstwirtschaftliche Nebenbetriebe. Wählbar sind alle Wahlberechtigten oder früher wahlberechtigt Gewesenen nach Vollendung des 25. Lebensjahres. Die Wahlen sind öffentlich und erfolgen auf Grund von Wählerlisten auf sechs Jahre. Alle drei Jahre scheidet die Hälfte der Mitglieder aus. Für die Wahl gilt das allgemeine, gleiche, direkte und geheime Wahlrecht. Relative Stimmenmehrheit entscheidet.

Geschäftsführung.

Die Kammermitglieder sind unbesoldet. Sie erwählen ihren Präsidenten, der die Handelskammer nach außen hin vertritt. Durch Zuwahlen sind sie berechtigt, die Kammer zu verstärken. Die Zahl der hinzugewählten Kammermitglieder darf aber nur ein Viertel der Zahl der eigentlichen Mitglieder betragen. Die Sitzungen sind in der Regel öffentlich. Die Geschäftsordnungen unterliegen der Genehmigung des Ministers des Innern. Diesem hat jede Kammer alljährlich einen Bericht über den Gang des Handels und der Industrie ihres Bezirks zu erstatten; sämtliche Berichte werden durch die Königliche Zentralstelle für Gewerbe und Handel zusammengestellt und veröffentlicht. Zur Führung der laufenden Geschäfte haben die Handelskammern Sekretäre im Haupt- oder Nebenamt angenommen, denen zum Teil Hilfspersonal zur Verfügung steht.

Kostendeckung.

Die Deckung der Kosten erfolgt durch eine Umlage auf die Wahlberechtigten. Diese wird von den Einzelfirmen, Gesellschaften und Genossenschaften als Zuschlag zur Gewerbesteuer erhoben. Der Beitrag der Staatsbetriebe und Vorschuß- und Kreditvereine wird durch eine Bezirksschätzungskommission entsprechend festgesetzt. Uebersteigt die Umlage eine gewisse Höhe, so ist die Genehmigung des Ministers des Innern notwendig. Im übrigen sind die Kammern in der Ordnung ihres Kassen- und Rechnungswesens selbständig; Etat und Jahresrechnung sind aber detailliert öffentlich bekannt zu geben. Gegen eine Vergütung von insgesamt $4^1/_2$ % werden die Beiträge durch die Steuererheber der Gemeinden eingezogen. Mit Genehmigung des Ministers können die Handelskammern auch die rechnerische Verwaltung ihrer Einnahmen der Gemeinde- oder Oberamtsverwaltung ihres Sitzes gegen eine Vergütung von 2—3 % übertragen.

Sachsen.

Im Jahre 1861 wurde in Sachsen die Gewerbefreiheit eingeführt. Zu gleicher Zeit wurden fünf Handels- und Gewerbekammern errichtet. Jede ihrer beiden Abteilungen (für Handel und für Gewerbe) sollte 9—15 Mitglieder haben. Mittels Wahlmänner wurde in Haupt- und Urwahlen gewählt; die Annahme der Wahl war obligatorisch. Die Gemeinde des Kammersitzes war zur Stellung von Räumlichkeiten verpflichtet, alle baren Unkosten bestritt die Staatskasse. Durch Gesetz vom Jahre 1868 wurden die Voraussetzungen des Wahlrechts und der Wählbarkeit erleichtert, wurde eine Möglichkeit zur Teilung der Handels- und Gewerbekammern in zwei selbständige Kammern geschaffen und den Kammern die selbständige Ordnung ihres Kassen- und Rechnungswesens überlassen. Der Staat zahlte fortan einen festen Zuschuß, der Rest der Kosten wurde von den Wahlberechtigten durch Zuschläge zur Gewerbesteuer aufgebracht. 1878 wurden nach Abschaffung der Gewerbesteuer Zuschläge zur Steuer vom Einkommen aus Handel und Gewerbe eingeführt. Nach Erlaß des Reichsgesetzes vom Jahre 1897, welches die Vertretung des Handwerkerstandes ordnete, wurde eine Neuorganisation der Handels- und Gewerbekammern notwendig. Diese erfolgte durch das Gesetz vom 4. Aug. 1900. Handels- und Gewerbekammern.

Durch die fünf sächsischen Handels- und Gewerbekammern wird das ganze Staatsgebiet vertreten. In Zittau besteht eine Handels- und Gewerbekammer, deren Abteilungen zu gemeinsamer Arbeit vereinigt sind. Bei den vier übrigen Kammern, Leipzig, Dresden, Chemnitz, Plauen, sind die Handels- und die Gewerbekammern selbständige Institutionen. Gemeinsame Sitzungen, welchen der Vorsitzende der Handelskammer präsidiert, müssen stattfinden, wenn die Mehrheiten beider Kammern oder der Minister des Innern es bestimmen. Die Handels- und Gewerbekammern sollen dem Ministerium des Innern und den Bezirksbehörden als sachverständige gutachtliche Organe dienen. Bei jeder wichtigen, Handel, Industrie oder Gewerbe berührenden Frage sollen sie gehört werden. Sie sind dazu bestimmt, die Gesamtinteressen von Handel, Industrie und Gewerbe zu wahren, und berechtigt, selbständig Anträge und Wünsche vorzutragen und mit Körperschaften, Privaten und reichs- und bundesstaatlichen Behörden in Verbindung zu treten. Sie können ferner Anstalten und Einrichtungen zur Förderung von Handel und Gewerbe unterstützen, gründen und verwalten. Endlich entsenden sie Vertreter in den sächsischen Eisenbahnrat zu Dresden, die Handelskammer zu Leipzig auch in den preußischen Bezirks-Eisenbahnrat zu Erfurt. Den Handelskammern allein kann die Beaufsichtigung allgemeiner Handelsanstalten, wie Börsen, Maklerinstitute, Handelsschulen übertragen werden. Sie haben Ursprungs- Organisation und Aufgaben.

zeugnisse und andere dem Handelsverkehr dienende Bescheinigungen auszustellen. Den Gewerbekammern ist die Ausübung der Rechte und Pflichten übertragen, welche die Reichsgesetzgebung den Handwerkskammern zuschreibt. Sie sind aus Vertretern des Handwerks und des sonstigen Gewerbes so zusammengesetzt, daß die Möglichkeit einer gesonderten Abstimmung der Handwerkervertreter gesichert ist.

Wahlberechtigung.

Das Wahlrecht für die Handelskammern steht den Personen zu, die ein Handelsgewerbe betreiben und ins Handelsregister eingetragen sind, ferner den ins Genossenschaftsregister eingetragenen Genossenschaften, den Gesellschaften im Sinne des sächsischen allgemeinen Berggesetzes, den Gemeinden für die von ihnen betriebenen Unternehmungen und den Pächtern von kommunalen oder staatlichen Gewerbeunternehmen, allen unter der Voraussetzung, daß sie im Kammerbezirk zu einem Einkommen aus Handel und Gewerbe von mehr als 3100 Mk. eingeschätzt sind. Der Staat ist für die von ihm betriebenen Gewerbeunternehmungen stets wahlberechtigt. — Für die Gewerbekammern sind zur Wahl von Handwerkervertretern die Mitglieder von Handwerkerinnungen, sowie sonstige Handwerker berechtigt, die im Kammerbezirk mit einem Einkommen aus Handel und Gewerbe von mehr als 600 Mk. zur Einkommensteuer veranlagt sind. Zur Wahl von Nichthandwerkervertretern sind Personen berechtigt, welche entweder ein Handelsgewerbe betreiben und ins Handelsregister eingetragen sind, aber nur ein Einkommen aus Handel und Gewerbe von 600—3100 Mk. versteuern, oder welche ein anderes Gewerbe betreiben, nicht handelsgerichtlich eingetragen sind und mehr als 600 Mk. Einkommen versteuern; ferner sind berechtigt Genossenschaften von Handel- und Gewerbetreibenden, Gesellschaften, Gemeinden und Gemeindeverbände, welche mit einem Einkommen aus Handel und Gewerbe von 600—3100 Mk. eingeschätzt sind. Wer zur Wahl für beide Kammern berechtigt sein würde, hat sich zu entscheiden, für welche Kammer er wählen will.

Wahlen.

Die Wählbarkeit ist an das Alter von 25 Jahren geknüpft; Handwerksvertreter müssen die Befugnis zur Anleitung von Lehrlingen besitzen. Die Mitgliedschaft bei den Handels- und Gewerbekammern ist ein unbesoldetes Ehrenamt. Die Wahlen erfolgen auf sechs Jahre. Alle drei Jahre wird die Hälfte der Mitglieder erwählt. Die Wahlen sind indirekt und erfolgen für Handels- und Gewerbekammer getrennt, auf Grund von Wahllisten, welche die Kammern aufstellen. Die Kammerbezirke werden in Wahlbezirke geteilt. In diesen werden die Urwahlen durch Stimmzettel vorgenommen; relative Majorität entscheidet. Bei den Hauptwahlen entscheidet absolute Majorität, bei einem notwendig werdenden zweiten Wahlgang die relative Majorität. Von den Wahlmännern für die Gewerbekammern muß die eine Hälfte

Handwerker, die andere Hälfte Nichthandwerker sein. Die Handwerkerwahlmänner haben zwei Drittel der Mitglieder für die Gewerbekammer zu wählen.

Kostendeckung.

Die Kosten der Handels- und Gewerbekammern werden zu einem Teile durch einen festen, jährlichen Zuschuß der Staatskasse gedeckt. Im übrigen bringt die Kammer ihren Bedarf durch eine Umlage auf die Wahlberechtigten selbst auf, deren Höhe sie selbständig bestimmt. Die Umlage stellt einen Zuschlag zu der Staatseinkommensteuer dar und wird von den Steuerbehörden gegen eine Entschädigung von 5 % des Betrages (auf dem Lande mehr) erhoben. Die Kammern sind ferner berechtigt, diejenigen Gebietsteile oder Geschäftszweige ihres Bezirks, welche von einer durch sie geschaffenen Einrichtung oder Veranstaltung besondere Vorteile haben, zu besonderen Leistungen heranzuziehen. Diese Sonderbeiträge sind jedoch nur mit Zustimmung des Ministeriums des Innern zulässig.

Sächs. Handelskammertag.

Schon seit 1889 bestand eine Vereinigung der sächsischen Handelskammern mit jährlich wechselndem Vorort und Sitz. Nach der Neuordnung der Handels- und Gewerbekammern, welche die Handels- und die Gewerbekammern zu selbständigen Einrichtungen machte, wurde diese Vereinigung 1902 aufgelöst. Die Handelskammern schlossen sich allein zusammen durch die Begründung der „Vereinigung der Handelskammern des Königreichs Sachsen (Sächsischer Handelskammertag)". Ihr gehören alle Handelskammern an; Vorsitzende und Syndici derselben vertreten diese auf ihren Zusammenkünften, die jährlich mindestens einmal stattfinden. Die Geschäftsführung besorgt der Vorort, der nach bestimmter Reihenfolge unter den Kammern wechselt. Der Sitz des Vororts ist Sitz der Vereinigung. Der Vorsitzende der Vorortskammer leitet die Verhandlungen, auf welchen allgemeine Fragen beraten und begutachtet und gemeinsame Beschlüsse gefaßt werden. Die Kosten der Vereinigung werden von den Kammern gemeinschaftlich getragen.

Baden.

Geschichte des Handelskammerwesens.

Im Jahre 1820 entstand zu Karlsruhe in Baden die erste Handelskammer, welcher bis 1853 noch drei weitere folgten. Die Handelskammern waren Vorstände von Handelsinnungen und Zünften, welchen der Staat den Titel Handelskammern verliehen hatte. Durch Gesetz vom Jahre 1862 wurde in Baden die alte Zunftverfassung beseitigt; Verbindungen von Gewerbetreibenden galten nun nur noch als freie Vereine, oder, im Falle behördlicher Bestätigung, als gewerbliche Genossenschaften mit juristischer Persönlichkeit. Das Vermögen der Zünfte und Innungen ging auf diese Vereine über. Nach vergeblichen Versuchen einer anderen Regelung des kaufmännischen Vertretungswesens erkannte die Regierung Vorstände solcher freien gewerkschaftlichen Genossenschaften wiederum als Handelskammern an, verpflichtete sie zur Abgabe von Gutachten an die Staatsbehörden und übertrug ihnen die Leitung von gemeinsamen Anstalten und Einrichtungen für Land- und Schiffahrtsverkehr (Lagerhäuser, Börsen, Makler usw.). So entstanden in den nächsten 16 Jahren 15 Handelskammern, die nach Organisation und Aufgaben etwa den preußischen kaufmännischen Korporationen vergleichbar waren, wegen der geringen Zahl ihrer Mitglieder und ihrer finanziellen Schwäche aber wenig Bedeutung erlangten. Deshalb erfolgte durch das 1886 und 1898 mehrfach abgeänderte Gesetz vom 11. Dez. 1878 eine Neureglung des Handelskammerwesens. Diese hat die Handelsgenossenschaften zum Teil aufgehoben, zum Teil ihrer offiziellen Stellung entkleidet und Handelskammern eines anderen Typus geschaffen. Die Errichtung dieser Kammern, deren Zahl jetzt 9 beträgt, erfolgte nur auf Wunsch der Beteiligten, war also fakultativ; wo sie aber bestehen, sind Wahlberechtigung und Beitragspflicht allgemein.

Versammlung der Wahlberechtigten.

In Erinnerung an die alte korporative Verfassung der Handelskammern hat man in Baden die Einrichtung einer „Versammlung der Wahlberechtigten“ getroffen. Sie tritt alljährlich wenigstens einmal zur Prüfung des Etats und zur Wahl einer Rechnungsprüfungskommission zusammen. Auf Anordnung des Ministeriums des Innern und auf Wunsch von einem Fünftel aller Wahlberechtigten ist sie jederzeit zu berufen. Wahlberechtigt sind Firmeninhaber, persönlich haftbare Mitglieder von Handelsgesellschaften und Vorstandsmitglieder von Aktiengesellschaften und Genossenschaften, sofern sie handelsgerichtlich eingetragen sind, ferner die Inhaber von im Kammerbezirk gelegenen, über den Umfang des Kleingewerbes hinausgehenden Betriebsstätten und Verkaufsstellen, welche zu einem außerhalb des Bezirks bestehenden Unternehmen gehören.

Handelskammer.

Die Handelskammermitglieder werden auf Grund des allgemeinen, gleichen Wahlrechts auf sechs Jahre gewählt. Alle drei Jahre scheidet die Hälfte aus. Ihr Mandat ist ein unbesoldetes Ehrenamt. Durch Zweidrittelmehrheit kann die Kammer Mitglieder ausschließen. Die Handelskammern haben die Aufgabe, die Gesamtinteressen von Handel und Industrie ihres Gebietes zu vertreten, die Behörden in der Förderung von Handel und Industrie durch tatsächliche Mitteilungen, Anträge und Gutachten zu unterstützen und mit Genehmigung des Ministeriums Anstalten, Anlagen und Einrichtungen zur Förderung von Handel und Industrie zu gründen, zu unterhalten oder zu unterstützen. Sie sind befugt, die durch § 36 der Reichsgewerbeordnung bezeichneten

Personen[1]) zu bestellen und zu beaufsichtigen und Ursprungszeugnisse und ähnliche Bescheinigungen auszustellen. Sie sind in einem dem Ministerium beigeordneten Landesgewerberat und im Eisenbahnrat zu Karlsruhe vertreten. Jährlich bis zum 15. April haben sie dem Ministerium des Innern Berichte über den Gang von Handel und Industrie ihres Gebietes zu überreichen. Dem Ministerium steht die Genehmigung ihrer Geschäftsordnungen zu.

Kostendeckung.

Die Kosten der Handelskammern werden durch Umlage aufgebracht. Wenn die Beiträge einen bestimmten Satz übersteigen sollen, so ist die Genehmigung des Ministers notwendig. Die Eintreibung der Beiträge erfolgt durch die staatliche Steuerbehörde gegen eine Hebegebühr von 3 % des Betrages und 1 Mk. Entschädigung für jede Stunde Zeitaufwand. Ueber die Verwendung des Geldes, die Beschaffung von Geschäftsräumen, die Anstellung von Arbeitskräften und das gesamte Kassen- und Rechnungswesen beschließen die Kammern selbständig. Etat und Rechnung sind von den Handelskammern öffentlich bekannt zu machen und zur Einsicht der Wahlberechtigten öffentlich auszulegen.

Badischer Handelstag.

Die badischen Handelskammern haben sich im Jahre 1880 erneut zu einem Badischen Handelstag zusammengeschlossen, für den jetzt ein Statut vom 10. Februar 1889 in Kraft ist. Ihm gehören zurzeit alle badischen Kammern an. Zum Beitritt würden auch die Handelsvereine der nicht durch Handelskammern vertretenen Bezirke berechtigt sein. Zweck der Vereinigung ist, die gemeinsamen badischen Interessen zur Geltung zu bringen, aber auch allgemein deutsche Fragen zu beraten und für die Behandlung durch den Deutschen Handelstag vorzubereiten. Die Plenarversammlung des Badischen Handelstags erwählt auf vier Jahre einen Vorort. Dieser soll alles tun, um die Zwecke des Badischen Handelstags zu sichern und zu verwirklichen, speziell die Plenarversammlungen formell und materiell vorbereiten und die Beschlüsse des Badischen Handelstags ausführen, insbesondere die beschlossenen Denkschriften und Eingaben ausarbeiten. Die Plenarversammlung findet regelmäßig alle zwei Jahre statt. Außerdem ist sie alljährlich, wenn die Tagesordnung des Deutschen Handelstags bekannt ist, einzuberufen. Auf Antrag von vier Mitgliedskammern muß sie stets innerhalb von vier Wochen stattfinden. Der Vorstand der jeweils zum Vorort gewählten Kammer leitet die Verhandlungen. Bei der Beschlußfassung hat jede Kammer eine Stimme. Die Kosten werden unter die Kammern nach Maßgabe ihrer Steuerkapitalien verteilt.

*) cf. S. 16.

Hamburg.

Die alte Kommerz-Deputation.

Die Freie und Hansestadt Hamburg hat schon seit dem Jahre 1665 in der Kommerzdeputation (einem frei gewählten Ausschuß der im sog. „Ehrbaren Kaufmann" vereinigten Seehandel treibenden Kaufleute) eine Handelsvertretung besessen. Die Kommerzdeputation erlangte auf die Staatsbehörden größeren Einfluß und übernahm die Verwaltung der Börse. Während der französischen Zeit durch eine Chambre de commerce vorübergehend abgelöst, wurde ihr bei der Reorganisation der Hamburger Verfassung im Jahre 1814 die Vertretung in einigen staatlichen Verwaltungsdeputationen, etwas später die Besetzung des Handelsgerichts zugewiesen. Der „Ehrbare Kaufmann" wurde als die rechtmäßige Vertretung des Hamburger Handelsstandes anerkannt. Die Berechtigung zum Besuche seiner Versammlungen wurde gesetzlich festgestellt; sie wurde auf Kaufleute und Fabrikanten, die im großen Geschäfte treiben, beschränkt.

Nach Einführung der neuen Hamburger Verfassung vom Jahre 1860 wurde 1863 die Tätigkeit der Kommerzdeputation neu geregelt. Es wurde ihr eine später wiederholt geänderte Anzahl von Sitzen in verschiedenen Verwaltungsdeputationen und auch in der Bürgerschaft zugestanden, die Kosten ihrer Geschäftstätigkeit wurden der Staatskasse auferlegt, endlich wurde der Kammer die Anstellung zweier Sekretäre gestattet. Drei Jahre später erhielt die Kommerzdeputation die Bezeichnung Handelskammer.

Heutige kaufmännische Interessenvertretung.

Als die Begründung des Deutschen Reiches im Jahre 1871 in Hamburg eine Revision der Staatsverfassung notwendig machte, wurde im Anschluß daran auch die kaufmännische Interessenvertretung Hamburgs einer Revision unterzogen. Das Gesetz betr. die Handelskammer und die Versammlung eines Ehrbaren Kaufmanns vom 23. Jan. 1880, welches die Zahl der Kammermitglieder erhöhte, sie in Sektionen gliederte usw., ist noch heute in der Hauptsache die gesetzliche Grundlage der beiden Institutionen.

Der ehrbare Kaufmann.

Der Ehrbare Kaufmann ist eine freie Korporation. Zur Eintragung in das von der Handelskammer geführte Mitgliedsregister sind unter der Voraussetzung der hamburgischen Staatsangehörigkeit die in das Hamburger Handelsregister eingetragenen Geschäftsinhaber, die vorzugsweise Geschäfte im großen betreiben, und die Vorstände der in Hamburg domizilierenden Aktiengesellschaften berechtigt. In Hamburg ansässige Inhaber auswärtiger Firmen sowie Personen, die nach Aufgabe ihres Geschäftsbetriebes in Hamburg wohnen, können auf Grund eines Handelskammerbeschlusses ebenfalls als Mitglieder des Ehrbaren Kaufmanns eingetragen werden. Mindestens einmal im Jahre, im Dezember, tritt die Versammlung des Ehrbaren Kaufmanns zusammen. In dieser finden die Wahlen zur Handelskammer statt. Gleichzeitig gibt die Handelskammer einen Bericht über die Tätigkeit im abgelaufenen Jahre.

Handelskammer. Organisation.

Wählbar zur Handelskammer sind alle Mitglieder des Ehrbaren Kaufmanns, welche 30 Jahre alt, seit drei Jahren in Hamburg ansässig und nicht Senatsmitglieder sind. Die Handelskammer besteht aus 24 Mitgliedern, von denen alljährlich vier auf sechs Jahre gewählt werden. Die Neuwahlen erfolgen auf Grund eines sog. Wahlaufsatzes; d. h. die Handelskammer schlägt drei Kanditaten vor, von denen einer seitens der Wahlversammlung gewählt werden muß. Die Wahl erfolgt nach allgemeinem gleichen Wahlrecht und durch einfache Stimmenmehrheit. Das Mandat muß angenommen werden; es geht ebenso wie die Mitgliedschaft im Ehrbaren Kaufmann durch Verurteilung wegen eines Vergehens oder Verbrechens, durch Entmündigung oder Zahlungseinstellung verloren. Die Sitzungen sind nicht öffentlich. Alljährlich wählt die Handelskammer einen Präses und einen Stellvertreter desselben. Der Präses darf nicht länger als vier Jahre hintereinander sein Amt bekleiden. Alljährlich bildet die Handelskammer zur Beratung der wichtigsten Gegenstände und zur Besorgung der laufenden Geschäfte 13 ständige Ausschüsse. Seit 1900 hat sie ferner eine Industriekommission eingesetzt, zu der sie sechs ihrer Mitglieder entsendet und 18 außerhalb der Handelskammer stehende Vertreter bestimmter Branchen, welche von den betreffenden Fachvereinen benannt werden, von der Kommission selbst berufen läßt. Dieser werden alle industriellen Fragen, soweit sie die Handelskammer beschäftigen, zur Aeußerung vorgelegt. Für besondere Fragen setzt sie Spezialkommissionen ein. Die Geschäftsordnung wird von der Handelskammer selbst bestimmt. Auch ernennt sie ihre Angestellten und Hilfsarbeiter selbständig.

Aufgaben und Rechte.

Die Aufgabe der Handelskammer ist die Vertretung der Interessen des Handels, speziell des Großhandels, und der Schiffahrt. Die Handelskammer richtet alle Anträge an die Deputation für Handel und Schiffahrt und ist verpflichtet, dieser auf Wunsch Gutachten zu liefern. Nur in dringenden Fällen verkehrt die Kammer ausnahmsweise unmittelbar mit dem Senat.

Neben ihrer allgemeinen Aufgabe der Wahrung von Handels- und Schiffahrtsinteressen besitzt die Handelskammer wichtige politische Rechte. Ihre gegenwärtigen und früheren Mitglieder gehören einem Wahlkörper an, welcher 40 Vertreter in die Bürgerschaft zu wählen hat. Die Handelskammer selbst hat Anteil an der unmittelbaren Staatsverwaltung, indem sie in die aus Senatsmitgliedern und Bürgern gebildeten Deputationen Vertreter entsendet. Sie ist zurzeit vertreten in den Deputationen für Handel und Schiffahrt, für indirekte Steuern und Abgaben, für das

Auswandererwesen und für die Verwaltung des Gewerbeschulwesens und in der Beratungsbehörde für das Zollwesen.

Die Handelskammer besitzt ferner ein Schiedsgericht für streitige Handelssachen und speziell für Streitigkeiten zwischen Schiffern und Warenempfängern ein ober- und ein unterelbisches Schiedsgericht. Sie übt über die Hamburger Börse die polizeiliche und finanzielle Verwaltung aus. Sie hat eine Hinterlegungsstelle für die Vollmachten Hamburger Bevollmächtigter deutscher und ausländischer Versicherungsanstalten eingerichtet. Sie ernennt und beaufsichtigt die im § 36 der Gewerbeordnung bezeichneten Personen[1]) und hat für sie Vorschriften und Gebührentaxen erlassen. Ferner ernennt sie nautische Sachverständige. Sie ist in den preußischen Bezirkseisenbahnräten zu Altona und Hannover vertreten. Für eine Anzahl von Branchen hat sie die Usancen aufgestellt. Sie besitzt eine sehr bedeutende Bibliothek, die weltberühmte Kommerz-Bibliothek.

Kostendeckung.

Die Kosten der Handelskammer werden durch einen Staatszuschuß, durch Einnahmen aus der Börsenverwaltung und durch Gebühren für ihre sonstige Verwaltungstätigkeit gedeckt. Die Jahresrechnung geht mit einer Vermögensbilanz zu Beginn jeden Jahres an den Senat.

Gewerbekammer.

Neben der Handelskammer wurde durch Gesetz vom 18. Dez. 1872 eine Gewerbekammer für die Interessen des Gewerbestandes geschaffen, welche durch Gesetz vom 2. April 1900 die Rechte und Pflichten einer durch Reichsgesetz vorgeschriebenen Handwerkskammer für das hamburgische Staatsgebiet übernahm und sich etwa gleichzeitig eine neue Geschäftsordnung gab.

Zusammensetzung.

Durch Gesetz sind die hamburgischen Gewerbetreibenden in 15 Gruppen eingeteilt, von denen eine jede einen Vertreter zur Gewerbekammer wählt. Wahlberechtigt und wählbar sind alle Gewerbetreibenden, welche die Wahlberechtigung resp. Wählbarkeit zur Bürgerschaft besitzen. Die Mandate müssen angenommen werden und gelten für fünf Jahre; alljährlich scheiden drei Mitglieder aus. Es wird auf Grund von Wählerlisten, welche die Kammer führt, durch Stimmzettel mit relativer Stimmenmehrheit nach allgemeinem gleichen Wahlrecht gewählt.

Geschäftsführung.

Die Kammer wählt aus ihrer Mitte jährlich einen Vorsitzenden und dessen Stellvertreter. Das Amt eines Vorsitzenden darf nur vier Jahre hintereinander von einer Person bekleidet werden. Die Kammer ernennt einen Sekretär für die Führung der laufenden Geschäfte. Der Senat bestätigt ihn und erteilt ihm seine Dienstinstruktion. Die Sitzungen der Kammer sind nicht öffentlich; bei Anwesenheit von 8 Mitgliedern sind sie beschlußfähig. Bei der Abstimmung über Fragen, die nur das Handwerk berühren, dürfen sich nur die dem Handwerk angehörigen Kammermitglieder beteiligen.

[1]) Vergl. S. 16.

Die Aufgabe der Gewerbekammer ist es, die Interessen des Gewerbes zu fördern, insbesondere durch Erteilung von Gutachten und Anregungen an die Behörden. Die Gewerbekammer hat die Befugnis, fünf ihrer Mitglieder in die Bürgerschaft abzuordnen. Zwei ihrer Mitglieder gehören der Verwaltung der allgemeinen Gewerbeschule an. Endlich hat die Kammer die Aufgabe, für alle gewerbliche Zweige Sachverständige zu ernennen und von dem Präses der Deputation für Handel und Schiffahrt vereidigen zu lassen. Aufgaben.

Die der Kammer erwachsenden Kosten werden von der Staatskasse getragen. Kosten.

Durch Gesetz vom 29. Febr. 1904 hat auch der Kleinhandel eine Interessenvertretung erhalten; im September 1904 wurde eine Detaillistenkammer konstituiert. Diese ist der Deputation für Handel und Schiffahrt unterstellt, deren Vorsitzender alle Akten der Kammer einzusehen und alle Auskünfte von ihr zu fordern berechtigt ist. Nur in dringlichen Fällen darf die Kammer direkt mit dem Senate verkehren. Detaillistenkammer.

Der Detaillistenstand ist zum Zweck der Wahlen nach den einzelnen Geschäftszweigen in 18 Gruppen eingeteilt, deren jede ein Mitglied für die Kammer wählt. Die Kammer führt eine Wählerliste; in sie kann sich aufnehmen lassen, wer das hamburgische Bürgerrecht besitzt, seit fünf Jahren vorzugsweise Kleinhandel treibt und weder Mitglied des Ehrbaren Kaufmanns noch zur Gewerbekammer wahlberechtigt ist. Wählbar zur Detaillistenkammer sind alle wahlberechtigten Detaillisten, die zur Bürgerschaft wählbar sind. Die Wahlen finden auf sechs Jahre statt; jährlich werden drei Kammermitglieder gewählt. Die Mandate müssen angenommen werden. Für die Wahlen gilt das allgemeine, gleiche, geheime Stimmrecht; einfache Mehrheit entscheidet. Zusammensetzung.

Die Detaillistenkammer erwählt alljährlich einen Vorsitzenden und dessen Stellvertreter. Ein Kammermitglied darf nicht öfter als viermal hintereinander Vorsitzender sein. Zur Geschäftsführung stellt die Kammer das nötige Personal mit dem Sekretär an der Spitze; die Anstellung des letzteren erfordert die Bestätigung der Deputation für Handel und Schiffahrt. Die Sitzungen der Detaillistenkammer sind beschlußfähig, wenn die Hälfte der Mitglieder anwesend ist. Sie sind nicht öffentlich. Zur Bearbeitung verschiedener Fragen ernennt die Kammer aus ihrer Mitte zeitweilige und ständige Ausschüsse. Außerdem besitzt sie zwecks näherer Fühlungnahme mit den verschiedenen Fachvereinen seit Beginn des Jahres 1906 14 ständige Fachausschüsse, in welche sie Vertreter der einzelnen Branchen zur Mitarbeit mit der Kammer heranzieht. Geschäftsführung.

Die Aufgabe der Detaillistenkammer besteht in der Förderung der Interessen des Kleinhandels durch Erstattung von Gutachten Aufgaben.

an die Behörden und Anbringung von Anregungen und Vorschlägen bei diesen. Die Detaillistenkammer hat auch die Aufgabe, nach Bedarf Sachverständige zu ernennen und vereidigen zu lassen; sie ist befugt, auf Ersuchen von Parteien Schiedsgerichte zu bestellen. Sie entsendet jährlich ein Mitglied in die Deputation für Handel und Schiffahrt und zwei Mitglieder in die Verwaltung des Gewerbeschulwesens.

Kostendeckung.

Die Ausgaben der Detaillistenkammer werden, soweit sie nicht durch die Gebühren für Eintragungen in die Listen der Wahlberechtigten gedeckt sind, von der Staatskasse bestritten.

Bremen.

Geschichte.

Bis zum Jahre 1849 bestand in der Freien Hansestadt Bremen die uralte Einrichtung des Collegium Seniorum oder der Aelterleute als Vorstand der bremischen Kaufmannschaft. In diesem Jahre wurden als „Staatsanstalten zur Förderung des Handels und der Schiffahrt sowie der Interessen der Kaufmannschaft“ der Kaufmannskonvent und die Handelskammer geschaffen. Gleichzeitig wurden für die Vertretung des Gewerbes der Gewerbekonvent und die Gewerbekammer begründet.

Zum Kaufmannskonvent gehörten die selbständig etablierten Börsenmitglieder, die zum Senat gehörten oder für die Bürgerschaft wählbar waren. Die Handelskammer, welche zunächst den alten Namen Collegium Seniorum weiterführte, war ein 24 Mitglieder starker Ausschuß aus dem Kaufmannskonvent. Alljährlich wurden zwei Mitglieder auf 12 Jahre gewählt. Die Kammer wachte über den Gang von Handel und Schiffahrt, verwaltete die Börse und hatte Anspruch darauf, über alle Handels- und Schiffahrtsgesetze gehört zu werden. Sie verkehrte unmittelbar mit dem Senat. Mit ihm zusammen bildete sie eine Reihe von wirtschaftlichen Verwaltungsbehörden. Ihre Kosten bestritt der Staat.

In der Folgezeit erhielten Kaufmannskonvent und Handelskammer das Recht zur Wahl für die Bürgerschaft, und das Recht, die Konventsmitglieder zu besteuern. Das Gebiet des Konvents wurde auf den ganzen bremischen Staat (die Städte Bremen, Bremerhaven und Vegesack und das Landgebiet) erstreckt, die Amtsdauer der Handelskammermitglieder auf 18 Jahre ausgedehnt. Durch das Gesetz vom 1. Jan. 1894 wurde die Verfassung des Kaufmannskonvents und der Handelskammer wiederum neu geregelt.

Handelsvertretung. Kaufmannskonvent.

Der Kaufmannskonvent ist danach eine Korporation der Börsenmitglieder. Zu ihm gehören mit dem Rechte jederzeitigen Austritts diejenigen Mitglieder der Bremer Börse, welche entweder Senatsmitglieder sind oder die Wählbarkeit zur Bürgerschaft besitzen und selbständige Kaufleute, Vorstände von Aktiengesellschaften und Genossenschaften oder Geschäftsführer einer G. m. b. H. sind oder gewesen sind. Der Kaufmannskonvent entsendet 42 Vertreter in die Bürgerschaft. Bei Erlaß von Regulativen für den Handels- und Schiffahrtsverkehr und die dazu gehörigen Hilfsgeschäfte sowie bei Feststellung der erforderlichen Taxen ist neben der Handelskammer der Kaufmannskonvent zu befragen. Die Sitzungen des Kaufmannskonvents, die regelmäßig im März und Dezember stattfinden, sind nicht öffentlich. Sie werden geleitet von einem alljährlich vom Konvent dazu bestimmten Kammermitgliede. Auf dem Märzkonvent ist die Jahresrechnung der Kammer zu prüfen. Im Dezember sind die Wahlen vorzunehmen. Der Kaufmannskonvent wählt auf Grund eines allgemeinen gleichen Wahlrechts die Handelskammer.

Handelskammer. Zusammensetzung und Organisation.

Die Handelskammer besteht aus 24 Mitgliedern, von denen jährlich die drei amtsältesten Mitglieder und außerdem die Mitglieder ausscheiden, die 18 Jahre im Amte sind. Wählbar sind alle Mitglieder des Kaufmannskonvents, soweit sie nicht Senatsmitglieder sind. Die Handelskammer hält allwöchentlich eine Sitzung ab. Sie wählt sich jährlich einen Vizepräsidenten; der Vizepräsident des Vorjahres wird Präsident. Sie stellt zwei Syndici an, deren Gehalt im Wege der Gesetzgebung festgestellt und aus der Staatskasse bezahlt wird. Zur Bearbeitung der im Plenum zu erledigenden Fragen und zur Führung bestimmter Verwaltungszweige besitzt die Handelskammer 23 aus ihren Mitgliedern gebildete Ausschüsse und vier Deputationen, welche aus Mitgliedern der Handelskammer und des Kaufmannskonvents bestehen. Eine besondere Stellung nimmt der Industrierat ein, welcher aus vier Handelskammermitgliedern und zwölf industriell tätigen Konventsmitgliedern besteht und die Handelskammer über die Angelegenheiten der Industriezweige berät, welche in Bremen von den Mitgliedern des Kaufmannskonvents betrieben werden.

Aufgaben.

Die Aufgabe der Handelskammer ist, die Interessen von Handel und Schiffahrt durch sorgfältige Beobachtung des Geschäftsgangs und durch tatsächliche Mitteilungen, Gutachten und Anträge zu fördern. Alle Handel und Schiffahrt berührenden Gesetze sollen ihrem Gutachten unterbreitet werden. Sie hat Anteil an der Staatsverwaltung, indem sie mit dem Senat zusammen acht Verwaltungsbehörden, Behörden für Handels- und Schiffahrtswesen, für Lotsenwesen, für Auswandererwesen usw. bildet. Sie besitzt ferner eine bedeutende eigene Verwaltung. Sie besitzt ein nicht unbedeutendes Vermögen und mehrere Stiftungen sowie ein Geschäftsgebäude mit Bibliothek und Archiv. Sie übt die rechtliche und finanzielle Verwaltung der Börse aus. Sie hat eine Zollgarantiekasse zur Erleichterung und Beschleunigung der Zollabfertigung von aus dem Auslande eingehenden Gütern und ein Nachweisungsbureau für Auswanderer begründet. Sie ernennt Börsenmakler, Revisoren von Aktiengesellschaften. Sie ist endlich im Vorstand des Museums für Natur-, Völker- und Handelskunde, im Preußischen Bezirkseisenbahnrate zu Hannover, im Oldenburgischen Eisenbahnrate und in der Weserschiffahrtskommission vertreten.

Kostendeckung.

Die Kosten der Handelskammer werden aus den Zinsen des vom Collegium Seniorum übernommenen Vermögens und durch Staatszuschuß gedeckt. Von der Befugnis, seine Mitglieder zu Beiträgen heranzuziehen, hat der Kaufmannskonvent noch keinen Gebrauch gemacht.

Gewerbe-Vertretung.

Zur Vertretung des bremischen Gewerbes besteht seit 1849 der Gewerbekonvent und die Gewerbekammer. Das für sie zuletzt maßgebende Gesetz von 1894 ist durch das Gesetz vom 27. April 1906 abgelöst worden, das der Industrie eine stärkere numerische Vertretung und Einflußnahme sicherte und das Verhältnis zwischen Handels- und Gewerbekammer ordnete.

Gewerbekonvent.

Der Gewerbekonvent besteht aus 270 Mitgliedern, und zwar 180 Vertretern des Handwerks und 90 Vertretern der Fabrikbetriebe. Wahlberechtigt und wählbar ist, wer ein Gewerbe seit einem Jahre ausübt und die zur Wahl in die Bürgerschaft erforderlichen Eigenschaften besitzt. Die Zahl der Gewerbekonventsmandate ist auf die Städte Bremen, Bremerhaven und Vegesack und das Landgebiet Bremen entsprechend verteilt. Die Gewerbekammer bestimmt für Stadt- und Landgebiet Bremen vor jeder Wahl für beide Abteilungen Gewerbegruppen, von denen jede ein oder mehrere Gewerbe umfaßt und eine Anzahl von Konventsmitgliedern wählt. In der Abteilung der Fabrikbetriebe haben die Unternehmer, welche seit mindestens einem Jahre hundert oder mehr Arbeiter beschäftigen einen gesetzlichen Anspruch auf die Mitgliedschaft des Gewerbekonvents; die übrigen Mitglieder werden für sechs Jahre auf Grund von Wahllisten nach allgemeinem gleichen Wahlrecht gewählt. Alle zwei Jahre tritt ein Drittel aus.

Der Konvent ist dazu berufen, über Angelegenheiten, welche die Interessen des bremischen Gewerbewesens berühren, zu beraten. Er tritt im Mai und November zu ordentlichen Versammlungen zusammen; außerordentliche finden auf Wunsch der Gewerbekammer oder auf Antrag von 30 Mitgliedern statt. Der Vorsitzende der Gewerbekammer präsidiert den Versammlungen des Gewerbekonvents. Jedes Mitglied hat das Recht Anträge zu stellen. Der Gewerbekonvent wählt die Gewerbekammer.

Gewerbekammer.

Die Gewerbekammer besteht aus 27 Mitgliedern des Gewerbekonvents, von denen die Vertreter des Handwerks 18, die der Fabrikbetriebe 9 wählen. Die Wahl kann in der Regel nicht abgelehnt werden. Die Gewerbekammer stellt ihre Geschäftsordnung selbst fest. Sie wählt alljährlich einen Präsidenten und dessen Stellvertreter. Sie stellt einen Sekretär nebst dem nötigen Personal an; das Gehalt der Beamten wird von Senat und Bürgerschaft festgestellt. Die Gewerbekammer hält regelmäßige Sitzungen ab. Bei Angelegenheiten, welche nur das Handwerk oder nur das Fabrikwesen betreffen, dürfen nur die Vertreter des Handwerks oder die der Fabrikbetriebe abstimmen.

Die Gewerbekammer ist berufen, die Interessen des Gewerbes und der Industrie zu fördern, insbesondere durch Abgabe von Gutachten und Anregungen. Sie soll zu diesem Zwecke die Entwicklung des Gewerbewesens sorgfältig verfolgen und kann hierzu die Mitwirkung des bremischen statistischen Amtes beanspruchen. Ueber alle in Gewerbeangelegenheiten zu erlassende Gesetze soll die Gewerbekammer, eventuell auch der Gewerbekonvent, zu einem Gutachten herangezogen werden. Mit beratender Stimme ist der Kammer der Direktor des bremischen Gewerbemuseums beigeordnet; der Senat ist außerdem befugt, ihr Techniker oder der Industrie kundige Personen beizuordnen.

Zur Erleichterung des geschäftlichen Verkehrs zwischen dem Senat und der Gewerbekammer und zu gemeinsamer Beratung über gewerbliche Angelegenheiten besteht die Behörde für Gewerbeangelegenheiten. Diese wird aus der Gewerbekommission des Senats und drei bis fünf jährlich von der Gewerbekammer aus ihrer Mitte gewählte Mitglieder gebildet. Uebrigens steht der Gewerbekammer auch frei, direkt mit dem Senat zu verkehren. Die Gewerbekammer ist auch an der Verwaltung des Gewerbemuseums beteiligt. Der Gewerbekonvent bildet endlich wie der Kaufmannskonvent einen besonderen Wahlkörper zur Wahl für die Bürgerschaft.

Kostendeckung.

Die Gewerbekammer verfügt über einen jährlichen Staatsbeitrag von 3500 Mk., welcher vorzugsweise zur Anschaffung von Büchern usw. und zur Unterstützung von Ausstellungen usw. verwendet wird. Die Besoldung der Kammerbeamten erfolgt, wie erwähnt, durch den Staat.

Verhältnis der Gewerbekammer zur Handels- und zur Detaillistenkammer.

Das Hinübergreifen der Interessen der Großindustrie in die des Großhandels, der Interessen des Handwerks in die des Kleinhandels haben zu Kompetenz- usw. Streitigkeiten geführt. Es ist neuerdings bestimmt worden, daß die Inhaber fabrikmäßiger Betriebe, welche Mitglieder der bremischen Börse sind, die Vertretung ihrer Handelsinteressen bei der Handelskammer, die Vertretung ihrer gewerblichen Interessen bei der Gewerbekammer finden sollen. Sie können beiden Konventen angehören. Der Industriebeirat bei der Handelskammer bleibt bestehen. Wenn der Senat über die gleiche Angelegenheit Gutachten von beiden Kammern erfordert, hat er dies bei der Anfrage jeder Kammer gegenüber zum Ausdruck zu bringen. Ferner hat ein Gesetz vom 5. April 1906, welches die Errichtung einer Kammer für den Kleinhandel bestimmt, festgesetzt, daß Gewerbetreibende, die Ladeninhaber sind, dieser Kammer angehören können, ohne das Wahlrecht zum Gewerbekonvent zu verlieren.

Kammer für Kleinhandel

Auf Grund des Gesetzes vom 5. April 1906 ist in Bremen zur Förderung der Interessen des Kleinhandels und des Gast- und Schankwirtschaftsgewerbes eine **Kammer für Kleinhandel** errichtet. Diese ist berufen, auf alles, was zu ihrem gesetzlichen Wirkungskreise gehört und den von ihr vertretenen Berufskreisen dienlich sein kann, fortwährend ihr Augenmerk zu richten. Sie hat den Behörden Gutachten zu erstatten und statistische und andere Erhebungen zu machen. Sie darf zu ihren Beratungen Sachverständige mit beratender Stimme zuziehen.

Zur Wahl sind diejenigen 25 Jahre alten Personen berechtigt, welche seit zwei Jahren bremische Staatsangehörige sind, das Wahlrecht zur Bürgerschaft besitzen und vorzugsweise Kleinhandel treibende Kaufleute oder Gast- oder Schankwirte sind. Die im bremischen Staate vertretenen Geschäftszweige sind für die Wahl in 18 Gruppen geteilt, deren jede ein Kammermitglied wählt. Alle zwei Jahre wählen sechs Gruppen. Die Mandate dauern sechs Jahre; es besteht keine Annahmepflicht. Die Kammer führt ein Verzeichnis aller Wahlberechtigten. Es gilt das allgemeine, gleiche und geheime Wahlrecht. Die Kammer wählt einen Vorsitzenden, welcher sie nach außen hin vertritt. Vom Senat kann der Kammer ein Beamter zur Protokollführung und zur Verrichtung anderer Aufgaben beigegeben werden. Dieser erhält Anstellung, Dienstvorschrift und Besoldung vom Senat. Die Kammer für Kleinhandel kann sich eine Geschäftsordnung geben, welche vom Senat zu genehmigen ist. Die Kammer verkehrt in der Regel nicht mit dem Senate selbst, sondern mit der Handelskommission des Senats.

Lübeck.

Geschichte der Handelskammer.

In der Freien und Hansestadt Lübeck wurde durch Gesetz vom 18. Juni 1853 eine Handelskammer begründet als ein Ausschuß der Kaufmannschaft von Lübeck. Diese erhielt eine ähnliche Verfassung wie die Korporationen der Kaufmannschaften in Preußen; wer das Gewerbe eines Kaufmanns ausüben wollte, war zum Eintritt in die Kaufmannschaft verpflichtet. Die Kaufmannschaft war Rechtsnachfolgerin der bisherigen verschiedenen kaufmännischen Kollegien, deren Vermögen, Archive, Stiftungen usw. sie übernahm. Nach der Einführung der Gewerbefreiheit im Jahre 1866 wurde 1867 eine Revidierte Lübeckische Kaufmanns-Ordnung erlassen; die Hauptänderung, welche diese brachte, bestand darin, daß die Zugehörigkeit zur Kaufmannschaft keine

Rechtsprivilegien mehr verlieh, die Mitgliedschaft also ganz freiwillig war.

Die Kaufmannschaft ist jetzt eine freie Vereinigung Lübeckischer Bürger, die das Handelsgewerbe selbständig betreiben. An ihrer Spitze steht eine Handelskammer, welche aus 20 Personen besteht. Diese leitet alle Angelegenheiten der Kaufmannschaft und verwaltet ihr Vermögen unter Prüfung durch die Kaufmannschaft, die in ihrer Dezemberversammlung den Voranschlag und in ihrer Juniversammlung die Jahresrechnung zur Genehmigung vorgelegt erhält. Unter den besonderen Befugnissen und Aufgaben, die der Handelskammer durch die Lübeckische Landesgesetzgebung übertragen sind, sind hervorzuheben: die Anstellung des Lagerhaus-Inspektors, der Wäger usw. und die Mitwirkung bei der Anstellung anderer für den Handel, die Schiffahrt und die Industrie erforderlichen Beamten (Auktionatoren, Sachverständige, Dispacheure usw.), die vom Senate oder einer Verwaltungsbehörde angestellt werden, ferner die Sammlung und Bearbeitung des statistischen Materials über Handel, Schiffahrt und Industrie Lübecks, die Veranstaltung von Missionen zu kommerziellen Zwecken. Der Handelskammer ist die Aufsicht über die Börse zu Lübeck (Fonds- und Produktenbörse) übertragen worden, sowie deren rechtliche und finanzielle Verwaltung, ferner die Verwaltung eines Lagerhauses, mehrerer Lagerschuppen, einer Reihe von Kränen, von fünf Bugsierdampfern für den Schleppdienst auf der Trave zwischen Lübeck und Travemünde, und von drei Kanalschleppschiffen für den Schleppbetrieb auf dem Elbe-Travekanal. Sie vertritt ferner alle allgemeinen Interessen des Handels und die kommerziellen Interessen der Industrie Lübecks, während zur Wahrnehmung der anderen Interessen der Industrie die Gewerbekammer (wie in Bremen) berufen ist. Ueber alle Handel, Schiffahrt oder Industrie berührenden Gesetze muß das Gutachten der Handelskammer eingeholt werden.

Heutige Verfassung.

Die Kosten der Handelskammer werden aus den der Kaufmannschaft gehörigen oder ihr zur Verwaltung übertragenen Anstalten und Einrichtungen bestritten. Es werden seitens der Kaufmannschaft keine Mitgliedsbeiträge, wohl aber Eintrittsgelder erhoben. Die Wahlen zur Handelskammer erfolgen in einer Versammlung der Kaufmannschaft auf Grund des allgemeinen gleichen Wahlrechts. Die Handelskammer selbst hat bei der Wahl ihrer Mitglieder, unbeschadet der Wahlfreiheit der Kaufmannschaft ein Wahlvorschlagsrecht von drei Personen für jedes ausscheidende Mitglied, und bei der daneben gesondert stattfindenden Wahl ihres Präses ein für die Kaufmannschaft verbindliches Vorschlagsrecht von gleichfalls drei Personen. Die Wahl des Präses unterliegt der Bestätigung durch den Senat, diejenige der Mitglieder bedarf nur der

Anzeige an ihn. Die Mitglieder werden auf sieben Jahre, der Präses und seine beiden Stellvertreter auf zwei Jahre gewählt; von den Mitgliedern scheiden jährlich drei aus, die (ebenso wie der Präses und seine Stellvertreter) erst nach Ablauf eines Jahres wieder wählbar sind.

Gewerbekammer.

Zur Vertretung der Interessen der Gewerbe und derjenigen der Industrie auf gewerblichem und technischem Gebiete besteht in Lübeck eine besondere Gewerbekammer. Nach der Ordnung vom 18. Juli 1898 setzt sie sich aus 18 Mitgliedern zusammen, und zwar aus 12 Vertretern des Handwerks und 6 Vertretern der Industrie, welche auf sechs Jahre gewählt werden; alle zwei Jahre treten vier Vertreter des Handwerks und zwei Vertreter der Industrie aus; die Ausscheidenden können sogleich wieder gewählt werden. Für jedes zu erwählende Mitglied hat die Gewerbekammer einen Vorschlag von zwei Personen, unbeschadet der Wahlfreiheit der Wähler, aufzustellen. Die Wahl erfolgt auf Grund von Wahllisten in zwei Wahlhandlungen getrennt für die Vertreter des Handwerks und für diejenigen der Industrie. Die zwölf Vertreter des Handwerks werden gewählt von den Handwerkerinnungen, welche im Lübeckischen Staate ihren Sitz haben, und von denjenigen Vereinigungen, welche in Lübeck die Förderung der gewerblichen Interessen des Handwerks verfolgen und mindestens zur Hälfte aus Handwerkern bestehen; die sechs Vertreter der Industrie werden von denjenigen Gewerbetreibenden gewählt, welche im Lübeckischen Staate einem industriellen Betriebe selbständig oder als Betriebsleiter vorstehen. Wählbar sind solche Personen, welche u. a. das Lübeckische Bürgerrecht besitzen, das dreißigste Lebensjahr zurückgelegt haben, im Lübeckischen Staate ein Gewerbe mindestens drei Jahre betreiben oder betrieben haben, und, soweit es sich um Vertreter des Handwerks handelt, die Befugnis zur Ausbildung von Lehrlingen besitzen. Die Gewerbekammer wählt aus ihrer Mitte einen Vorsitzenden und einen stellvertretenden Vorsitzenden, von denen einer dem Handwerk und der andere der Industrie angehören soll, sowie einen Kassenführer auf je zwei Jahre; von diesen Wahlen ist dem Senate Anzeige zu machen. Zur Bestreitung der Ausgaben der Gewerbekammer wird ein Betrag aus der Staatskasse bewilligt und dessen Höhe jährlich durch das Staatsbudget festgestellt. Sie hat alljährlich über ihre Wirksamkeit dem Senate Bericht zu erstatten und damit eine Rechnungsablage zu verbinden.

Deutscher Handelstag und andere Vereinigungen.

Deutscher Handelstag. Entstehung.

Im Mai 1858 traten in Berlin auf Veranlassung der Aeltesten der Kaufmannschaft von Berlin und der Vorsteher der Kaufmannschaft von Stettin die Vertreter von 12 preußischen amtlichen Handelsvertretungen zusammen, um über die Schaffung einheitlicher Usancen im Produktenhandel zu beraten. Die Versammlung beschloß, zur Beratung aller gemeinsamen Fragen sollten künftig alljährlich Konferenzen der preußischen Handelskammern und Korporationen stattfinden. Der so entstandene preußische Handelstag tagte zum ersten Male im Jahre 1860.

Die Initiative zur Gründung eines allgemeinen deutschen Handelstages ging aber von den badischen Handelskammern aus. Auf dem im Jahre 1860 abgehaltenen Badischen Handelstag wurde dessen Vorort Heidelberg beauftragt, einen allgemeinen deutschen Handelstag anzuregen. Dieser trat im Jahre 1861, zunächst unter Mitbeteiligung österreichischer Kammern, zusammen. Seitdem hat der deutsche Handelstag mehrfache Wandlungen erlebt. Seit 1899 umfaßt er alle deutsche Handelskammern und auf Gesetz beruhenden Korporationen, sowie eine Reihe freier Vereine; seine jetzt geltende Verfassung ist vom 9. Jan. 1901.

Mitgliedschaft.

Der Deutsche Handelstag stellt eine freie Vereinigung der in ihm vertretenen Körperschaften dar und steht in keinerlei Abhängigkeitsverhältnis zur Regierung. Er hat die Aufgabe, die Interessen der Industrie und des Handels zu fördern. Als Mitglieder beizutreten sind alle Handelskammern, Handels- und Gewerbekammern und kaufmännischen Korporationen berechtigt, welche gesetzlich anerkannte Vertreter von Industrie und Handel sind. Für Bezirke, welche keine auf Gesetz beruhenden Vertretungen besitzen, können Vereine, die als geeigneter Ersatz anzusehen sind, aufgenommen werden. Außerdem können Fachvereine, welche für einen wichtigen Handels- oder Industriezweig von erheblicher Bedeutung sind und keinen lokalen Charakter tragen, Mitglied werden.

Vollversammlung.

Die Vollversammlung des Deutschen Handelstages besteht aus den Delegierten der Mitgliedskörperschaften und den dem Ausschusse angehörenden Personen. In der Regel tagt sie einmal jährlich. Auf schriftlichen Antrag von mindestens 25 Mitgliedern muß sie binnen sechs Wochen berufen werden. Bei Abstimmungen hat jedes Mitglied, wenn es sich um die Wahlen zum Ausschuß handelt, eine Stimme. Im übrigen verfügen die Mitglieder je nach der Höhe der von ihnen geleisteten Jahresbeiträge über 1—7 Stimmen. Die Mehrheit der abgegebenen Stimmen entscheidet; bei Satzungsänderungen ist Zweidrittelmehrheit notwendig.

Ausschuß.

Die Vorbereitung der Verhandlungen im Plenum des Deutschen Handelstages liegt in den Händen des Ausschusses. Der Ausschuß besteht zurzeit aus etwa 50 Mitgliedern. Alle Mitglieder des Deutschen Handelstages, welche 1000 Mk. oder mehr Jahresbeitrag bezahlen, entsenden in den Ausschuß einen Vertreter; die Aeltesten der Kaufmannschaft von Berlin und die Handelskammer zu Berlin entsenden zwei Vertreter.

Ferner wählt die Vollversammlung des Deutschen Handelstages 24 Angehörige von Körperschaften, welche Mitglieder des Deutschen Handelstages sind, in den Ausschuß; die Hälfte von ihnen scheidet mit jeder ordentlichen Vollversammlung aus. Außerdem kann der Ausschuß sich noch durch die Zuwahl von 8 Personen verstärken. Der Ausschuß hat das Recht, dringliche und für die Vollversammlung nicht geeignete Angelegenheiten selbständig zu erledigen; er beschließt über die Aufnahme neuer Mitglieder, stellt die Jahresbeiträge fest und wählt den Vorstand sowie die ständigen Kommissionen.

Vorstand.

Der Vorstand besteht aus dem Vorsitzenden des Ausschusses und seinen beiden Stellvertretern, sowie vier weiteren Mitgliedern des Ausschusses. Er soll mindestens viermal im Jahre vom Vorsitzenden einberufen werden, die Verhandlungen des Ausschusses vorbereiten und die vorliegenden Fragen beraten. Der Vorsitzende des Ausschusses präsidiert ihm und ist zugleich Präsident des Deutschen Handelstages. Der Präsident vertritt den Handelstag nach außen hin und darf in dringlichen oder minder wichtigen Angelegenheiten selbständig vorgehen.

Ständige Kommissionen.

Wie den Vorstand setzt der Ausschuß nach jeder ordentlichen Vollversammlung ständige Kommissionen für bestimmte Gruppen von Beratungsgegenständen zusammen. Diese Kommissionen bestehen aus Ausschußmitgliedern und Vertretern von Handelstagsmitgliedern. An ihren Sitzungen darf der Vorstand teilnehmen. Sie haben über ihre Verhandlungen dem Ausschuß Bericht zu erstatten. Solcher Kommissionen gibt es zurzeit sechs, 1. für Verkehr, 2. für Geld, Bank und Börse, 3. für Patent-, Muster- und Zeichenschutz, 4. für Steuern, Zölle und Außenhandel, 5. für Kleinhandel und 6. für Sozialpolitik.

Geschäftsführung.

Die Geschäftsführung wird unter der Leitung des Präsidenten von einem vom Ausschuß erwählten Generalsekretär besorgt. Der Generalsekretär nimmt an den Sitzungen der Vollversammlung, des Ausschusses, des Vorstandes und der Ständigen Kommissionen teil. Dem Generalsekretär steht eine Anzahl von fachwissenschaftlich gebildeten und sonstigen Beamten zur Seite. Mit ihrer Hilfe gibt er im Auftrage des Handelstages eine Zeitschrift für die zur Vertretung von Handel und Gewerbe gesetzlich berufenen Körperschaften unter dem Titel „Handel und Gewerbe" heraus. Ebenfalls im Auftrage des Deutschen Handelstages gibt die Handelskammer Leipzig durch ihren Syndikus ein „Jahrbuch der deutschen Handelskammern und sonstigen amtlichen Handelsvertretungen" heraus, das über die Geschichte, die Verfassung und die Personalien aller deutschen Handelsvertretungen in ausgezeichneter Weise Auskunft gibt.

Kostendeckung.

Die Kosten des Deutschen Handelstages werden durch Beiträge der ihm angehörenden Körperschaften gedeckt. Diese sind nach ihrer Bedeutung und Leistungsfähigkeit in 18 Klassen eingeteilt, die Mitglieder der untersten Klasse zahlen Jahresbeiträge von 50 Mk., die der obersten solche von 3000 Mk.

Andere Vereinigungen.

Neben dem Deutschen Handelstag gibt es in Deutschland eine Anzahl lokaler Handelskammerverbände. Der sächsische Handelskammertag und der badische Handelstag sind bereits oben erwähnt. Neben ihnen ist besonders der hessische Handelskammertag zu nennen, der 1881 als freie Vereinigung ins Leben gerufen wurde, aber im Jahre 1902 als Zwangsorganisation auf unmittelbar gesetzlicher Grundlage neu errichtet wurde. In Preußen gibt es eine Reihe freier Handelskammervereinigungen, die Freie Vereinigung ostdeutscher Handelskammern, die Vereinigung der Posenschen und Westpreußischen amtlichen Handelsvertretungen, den Verband Brandenburgischer Handelskammern, den von der Regierung ins Leben gerufenen Ausschuß der Handelskammern im Regierungsbezirk Liegnitz, den Verband mitteldeutscher Handelskammern, die Vereinigung hannoverscher Handelskammern, die Vereinigung der Handelskammern des niederrheinisch-westfälischen Industriebezirks, die Vereinigung nassauischer Handelskammern und die Vereinigung der Handelskammern des südwestpreußischen Industriegebiets. Die Bildung eines bayrischen Handelskammertages ist geplant. Eine besondere Stellung nimmt der Ständige Ausschuß der Vereinigung hannoverscher Handelskammern, der Landwirtschaftskammer und der Handwerkskammern der Provinz Hannover ein, welche den Ausgleich der wirtschaftlichen Gegensätze der beteiligten Interessengruppen durch vertrauliche Aussprachen zum Zwecke hat.

Handwerkskammern.

Handwerkskammern.

Das Deutsche Reich als solches hat sich, wie oben bemerkt, mit der selbständigen Regelung des eigentlichen Handelskammerwesens nicht beschäftigt. Dagegen hat es die Vertretung des Handwerks durch die Novelle zur Gewerbeordnung vom 26. Juli 1897 reichsrechtlich geordnet. In den Hansestädten, Bayern, Württemberg und Sachsen hatte es schon vordem in den sogen. Gewerbekammern Handwerksvertretungen gegeben. Jetzt wurde die Schaffung von Handwerksvertretungen in allen Bundesstaaten, welche solche noch nicht besaßen, angeordnet. Die neuen Handwerkskammern oder die bestehenden Gewerbe- oder Handels- und Gewerbekammern, welche die Rechte und Pflichten von Handwerkskammern übernehmen würden, wurden einem einheitlichen Rechte unterstellt. Ihre Beaufsichtigung wurde den Landeszentralbehörden übertragen, welche ihre Bezirke bestimmen und ihre Statuten genehmigen müssen.

Zusammensetzung.

Die Mitglieder der Handwerkskammern werden, alle drei Jahre zur Hälfte, auf sechs Jahre gewählt, und zwar teilweise von den Handwerksinnungen des Bezirks, teilweise von denjenigen Gewerbevereinen oder sonstigen Vereinen, welche das Gewerbe fördern und zur Hälfte ihrer Mitgliederzahl aus Handwerkern bestehen. Die Landesbehörde bestimmt die Verteilung der Mandate auf die wahlberechtigten Innungen und Vereine. Wählbar sind alle 30 Jahre alten, zum Amte eines Schöffen wählbaren Handwerker, welche seit drei Jahren im Kammerbezirk ihr Handwerk ausüben und die Befugnis zur Anleitung von Lehrlingen besitzen. Die Handwerkskammern haben das Recht, aus ihrer Mitte Ausschüsse zu bilden und bis zu einem Fünftel ihrer statuarischen Mitgliederzahl Personen als Kammermitglieder hinzu zu wählen.

Gesellen-Ausschüsse.

Den Handwerkskammern stehen Gesellenausschüsse zur Seite. Die Mitgliederzahl derselben und ihre Verteilung auf die Gesellenausschüsse, die bei den Innungen der Bezirke bestehen, wird von der Behörde festgesetzt. Die Gesellenausschüsse müssen von der Kammer bei dem Erlaß von Vorschriften, welche das Lehrlingswesen betreffen, bei der Abfassung von Gutachten und Berichten, welche die Verhältnisse der Gesellen angehen, und bei Entscheidungen über Beanstandungen von Beschlüssen der Prüfungsausschüsse gehört werden.

Rechte und Pflichten der Kammern.

Die gewöhnlichen Aufgaben der Handwerkskammern sind folgende: Sie übernehmen die Regelung des Lehrlingswesens und überwachen die Durchführung der hierfür geltenden Vorschriften. Sie sollen die Staats- und Gemeindebehörden durch Erstattung von Gutachten unterstützen und ihrerseits aus eigener Initiative Anträge und Vorschläge anbringen, sowie regelmäßige Jahresberichte erstatten. Sie sollen endlich Prüfungsausschüsse zur Abnahme der Gesellenprüfung einsetzen und Ausschüsse, welche über die Beanstandungen der Beschlüsse dieser Prüfungsausschüsse entscheiden, bilden.

Die Handwerkskammern haben darüber hinaus das Recht, Anstalten und Einrichtungen zur Förderung des Gewerbes und des Wohles von Gesellen und Lehrlingen zu gründen, zu unterhalten und zu unterstützen; von diesem Rechte machen sie besonders durch Gründung und Unterstützung von Schulen, Meisterkursen und durch Pflege des Genossenschaftswesens Gebrauch. Gesetze, welche die Handwerksinteressen berühren, sollen ihnen zur Begutachtung vorgelegt werden. Die vorgesetzte bundesstaatliche Behörde ernennt einen Kommissar. Dieser muß zu allen Voll- und Ausschußversammlungen eingeladen werden und hat das Recht, alle Akten einzusehen und gesetzwidrige Beschlüsse zu sistieren. Die Innungen und Innungsausschüsse des Kammerbezirks sind verpflichtet, den von den Kammern innerhalb ihrer Zuständigkeit gefaßten Beschlüssen zu gehorchen.

Die Kammern können Verstöße gegen die von ihnen erlassenen Vorschriften mit Geldstrafen bis zu 20 Mk. bedrohen; die Verhängung der Strafen erfolgt auf ihren Antrag durch die unteren Verwaltungsbehörden.

Kostendeckung.

Die Kosten der Kammern werden von den Gemeinden ihres Bezirks getragen; die Verteilung auf die einzelnen Gemeinden verfügt die höhere Verwaltungsbehörde. Die Gemeinden dürfen ihre Beiträge auf die einzelnen Handwerksbetriebe umlegen. Haushaltungspläne, Anleihen usw. der Handwerkskammern unterliegen der behördlichen Bestätigung.

Auf Grund des erwähnten Gesetzes sind in allen deutschen Bundesstaaten Handwerkskammern errichtet worden, wo bisher nicht ähnliche Einrichtungen bestanden. Bayern und Meiningen haben die Pflichten der Handwerkskammern den Handels- und Gewerbekammern übertragen, die drei Freien Städte und Sachsen ihren Gewerbekammern.

Handwerks- und Gewerbekammertag.

Bald nach der Begründung der Handwerkskammern regte sich bei den alten und neuen Vertretungen des deutschen Handwerks der Wunsch nach einer Vereinigung zum Zweck gegenseitiger Unterstützung bei ihren Arbeiten. Auf Einladung von 25 Kammern trat am 15. Nov. 1900 der erste deutsche Handwerks- und Gewerbekammertag in Berlin zusammen und gab sich eine feste Organisation.

Aufgabe.

Die Aufgabe des Deutschen Handwerks- und Gewerbekammertags, welcher ebenso wie der Deutsche Handelstag eine freie von der Regierung unabhängige Vereinigung darstellt, ist, die gemeinsamen Interessen des deutschen Handwerkerstandes zu wahren, insbesondere eine möglichst einheitliche Durchführung der das Handwerk betreffenden Bestimmungen der Gewerbeordnung anzubahnen und die Bedürfnisse und Wünsche des deutschen Handwerkerstandes durch gemeinsame Beratung und durch Eingaben zum Ausdruck und zur Kenntnis der Organe der Reichs- und Staatsbehörden zu bringen.

Organisation.

Der Deutsche Handwerks- und Gewerbekammertag tritt zur Ausübung dieser Funktionen alljährlich zusammen. Ihn leitet und vertritt ein auf zwei Jahre gewählter Vorort, welcher die Versammlungen vorbereitet, die Versammlungsbeschlüsse ausführt und die laufenden Geschäfte versieht. Gleich dem Vorort wird auf zwei Jahre ein Ausschuß gewählt, der aus dem Vorort und sieben, möglichst sich über das ganze Reich verteilenden Kammern besteht. Diesem kommt es zu, den Kammertag zu berufen, die Tagesordnung festzustellen und Berichterstatter zu ernennen. Die Kosten der Geschäftsführung werden auf die einzelnen Kammern gleichmäßig verteilt.

Oesterreich-Ungarn.

Geschichte der österreichisch-ungarischen Handelskammern.

Bis in die Mitte des 19. Jahrhunderts fehlten im größten Teile Oesterreich-Ungarns Interessenvertretungen von Handel und Gewerbe. Nur die lombardisch-venezianischen Provinzen des Kaisertums besaßen aus der Napoleonischen Zeit her Handelskammern, welche die italienische Regierung im Jahre 1811 als Regierungsorgane zur Aufsicht über Handel und Industrie gegründet hatte. In den anderen Ländern der österreich-ungarischen Monarchie lag die Verwaltung der Handels- und Gewerbeinteressen ganz in den Händen der Regierungsbehörden, welche durch eine Reihe von Vereinen mit Rat unterstützt wurden. Diese in jener Zeit aus der eigenen Initiative der Geschäftswelt heraus entstandenen Vereine erlangten einigen Einfluß auf die Gesetzgebung und Verwaltung. Die durch die Entstehung der Eisenbahnen, den Niedergang des Kleingewerbes usw. hervorgerufenen wirtschaftlichen Wandlungen einerseits, die durch die politischen Wirren des Jahres 1848 hervorgerufenen Neuerungen in der Staatsverfassung und -verwaltung (wie besonders die Errichtung eines besonderen Ministeriums für Handel und Gewerbe) andererseits, weckten bei den Staatsbehörden das Bedürfnis nach der Mitarbeit der Geschäftswelt an der Fürsorge für Handel und Gewerbe. Noch im Jahre 1848 wurde durch einen provisorischen Ministerialerlaß die Errichtung von Handelskammern an allen wirtschaftlich wichtigen Orten vorgeschrieben, auf Grund dessen aber nur zu Wien eine Kammer errichtet wurde. Im Jahre 1850 wurde der Erlaß durch ein ebenfalls provisorisches Gesetz ersetzt, welches in Oesterreich 26, in Ungarn und Lombardei-Venetien je 17 Handelskammern errichtete und die Befugnisse der Kammern gegenüber dem Gesetze von 1848 nur unwesentlich änderte. In kurzer Zeit kam die Konstituierung sämtlicher Kammern zustande.

Bei der Neugestaltung der österreich-ungarischen Monarchie nach den Ereignissen des Jahres 1866 erfolgte auch eine Neuorganisation des Handelskammerwesens, welche für Ungarn durch Gesetz vom 30. April 1868 und in wesentlich anderer Weise für Oesterreich durch Gesetz vom 29. Juni 1868 bestimmt wurde. Das ungarische Gesetz ist noch heute unverändert in Kraft, während das für die österreichische Reichshälfte durch das Gesetz vom 30. Juni 1901 eine kleine, nur vorübergehende Abänderung der Mandatsdauer erfuhr.

Oesterreich.

Politische Stellung der Handelskammern in Oesterreich.

Die österreichischen Handelskammern unterscheiden sich von denen Ungarns und der meisten europäischen Staaten durch ihre wichtigen politischen Befugnisse und Aufgaben. Sie wirken nicht nur auf die Parlamente und Verwaltungsbehörden von außen her ein, sondern sind selbst in ihnen vertreten.

Der österreichische Reichsrat besteht aus dem Herrenhause und dem Abgeordnetenhause. Für das letztere hat jedes Kronland eine bestimmte Anzahl Abgeordnete zu wählen. Es bestehen fünf Wählerklassen; der große Grundbesitz, die Städte, Märkte und ländlichen Industrialorte, die Handels- und Gewerbekammern, die Landgemeinden und die allgemeine Wählerklasse entsenden je eine bestimmte Zahl von Vertretern in den Reichsrat. Die Handels- und Gewerbekammern wählen allein 21 Abgeordnete. In einigen Ländern wählen sie mit den Städten gemeinsam 9 Abgeordnete, die Städte wählen für sich allein 109 Vertreter. Es stehen im Abgeordnetenhause den 139 Abgeordneten der Städte usw. und der Handels- und Gewerbekammern 214 Vertreter des Großgrundbesitzes und der Landgemeinden, sowie 72 Vertreter der allgemeinen Wählerklasse, welche meist agrarische Interessen verkörpern, gegenüber, so daß die Zusammensetzung des Parlaments nicht ohne weiteres als für die Handelsinteressen günstig gelten kann. Immerhin ist es aber interessant, daß die Handels- und Gewerbekammern als solche in der Gesetzgebung des Reiches vertreten sind. Reichsrat.

Ebenfalls vertreten sind die Kammern in den Landtagen der Kronländer. Diese besitzen „Autonomie“, üben die Gesetzgebung in wichtigen Fragen selbständig, in anderen Angelegenheiten unter Beobachtung der vom Reichsrat festgestellten Grundsätze und haben wirtschaftliche Selbstverwaltungsaufgaben. Die Landtage werden ebenfalls meist von fünf Wählerklassen gewählt; die Zahl der von den Handels- und Gewerbekammern gewählten Abgeordneten ist verschieden. So entsenden die Kammern beispielsweise in den Landtag von Niederösterreich (insgesamt 78 Abgeordnete) 4, von Böhmen (insgesamt 242 Abgeordnete) 15, von Galizien (insgesamt 161 Abgeordnete) 3 Abgeordnete. Dem Landtag, dem beschließenden Organ der Kronländer, steht als Verwaltungsorgan der Landesausschuß gegenüber, der aus einem Vorsitzenden und 4—8 Mitgliedern besteht, welche teils von den Landeskurien, teils vom Landtagsplenum gewählt werden. Den Handels- und Gewerbekammern ist also nicht nur in der Gesetzgebung, sondern auch in der Zentralverwaltung der Länder eine Vertretung ermöglicht. Landtag.

In Böhmen, Galizien, Tirol und Steiermark existieren als Bindeglieder zwischen der Landesverwaltung und den Kommunen die Bezirke. Auch in den Vertretungen und Ausschüssen dieser Selbstverwaltungskörper haben die Handels- und Gewerbekammern Sitze. Bezirk.

Die Vertretung der Kammern in den Parlamenten hat unzweifelhaft zur Hebung ihres Ansehens und ihres Einflusses wesentlich beigetragen. Andererseits werden auch die Klagen darüber nicht unberechtigt sein, daß durch sie politische, besonders nationale Streitpunkte in die Kammern hineingeworfen werden, welche die ruhige, vorurteilslose Erledigung der volkswirtschaftlichen Aufgaben erschweren. Die jetzt geplante Einführung des allgemeinen Wahlrechts zum Reichsrat wird den Handels- und Gewerbekammern ihr vornehmstes politisches Recht, die Vertretung im Abgeordnetenhause, zwar nehmen, ihren Einfluß und ihr Ansehen aber kaum vermindern. Sie streben übrigens eine Wahlvertretung im Herrenhause an.

Handelskammern und Gewerbeförderung.

Nicht weniger charakteristisch als die politischen Rechte ist für die Handels- und Gewerbekammern Oesterreichs das Maß, in dem sie der Vertretung und Förderung des Handwerks und des kleinen Handels obliegen. Sie sind in dieser Beziehung ein Organ der staatlichen Mittelstandsförderung, die als ihre Hauptmittel die Gewerbegenossenschaften und den Befähigungsnachweis betrachtet.

Die Gewerbegenossenschaften führen ihren Ursprung zurück auf die zahlreichen aus dem Mittelalter überkommenen Zünfte, Innungen und Kaufmannsgremien. Diese waren bis zur Mitte des 19. Jahrhunderts sehr zurückgegangen an Mitgliederzahl, Vermögen und Leistungen. Die Gewerbeordnung von 1859 versuchte eine universelle Organisation aller Handels- und Gewerbetreibenden und ihrer Hilfsarbeiter durchzusetzen; die alten Korporationen und die Behörden sahen in diesem Versuch aber in gleicher Weise einen Eingriff in ihre Kompetenzen und arbeiteten ihm entgegen. Erst seitdem durch eine Gesetzesnovelle des Jahres 1883 die Großindustrie von der Beteiligung an den Zwangsgewerbegenossenschaften befreit und gesonderte Gesellenverbände eingerichtet wurden, entstanden in großer Zahl Gewerbegenossenschaften. Ihre Zahl betrug 1894, seit welcher Zeit die Organisationstätigkeit langsamere Fortschritte machte, 5317; ihnen zur Seite standen 3196 „Gehilfenversammlungen". Nach dem Gesetze sind alle Verbände unter den Angehörigen gleicher oder verwandter Gewerbe aufrechtzuerhalten, und, wo keine vorhanden sind, sollen sie von der Gewerbebehörde nach Anhörung der Handels- und Gewerbekammer des Bezirks eingerichtet werden. Die Gewerbegenossenschaften haben die Aufgabe, für geregelte Beziehungen zwischen Unternehmern und Gehilfen zu sorgen und für Zwistigkeiten Schiedsgerichte zu bestellen, das Lehrlingswesen zu überwachen und Fachlehranstalten zu gründen und zu fördern, durch Gründung von Krankenkassen für erkrankte Gehilfen zu sorgen und jährliche Berichte über ihre Tätigkeit zu erstatten. Weiterhin wird von ihnen erwartet, daß sie die Errichtung von Vorschußkassen, Rohstofflagern, Verkaufshallen, die Einführung gemeinschaftlichen Maschinenbetriebs usw. anregen und fördern. Die Handels- und Gewerbekammern, welche berechtigt sind, jederzeit Auskünfte und Gutachten von den Genossenschaften zu erfordern, werden in mancher Hinsicht durch diese entlastet. Andererseits wird ihnen durch die Genossenschaften, durch die Fragen ihrer Begründung, der Zugehörigkeit und Beitragspflicht einzelner Betriebe ein weiter Kreis von Arbeiten zugewiesen. Jedenfalls verleiht die Zwangsorganisation des gesamten Kleinhandels und Kleingewerbes der Tätigkeit der Handels- und Gewerbekammern Oesterreichs ein besonderes Gepräge.

Eine noch größere Mitarbeit der Kammern verlangt die Durchführung des Prinzips des Befähigungsnachweises. Durch eine Reihe von Verordnungen, zuletzt durch eine solche vom 24. Sept. 1905, ist ein Verzeichnis von 54 „handwerksmäßigen Gewerben" aufgestellt, deren Ausübung an den Nachweis der Befähigung gebunden ist. Dispensationen vom Zwang des Befähigungsnachweises erfordern Befürwortung durch die Handels- und Gewerbekammern. Die Fragen, welche gewerbliche Verrichtungen die Angehörigen eines Gewerbes nach Herkunft und Gebrauch ausüben dürfen, ohne die „Berechtigung" eines anderen Gewerbes zu verletzen usw., stellen an die begutachtende Tätigkeit der Kammern hohe Ansprüche.

Verwaltungsaufgaben.

Das dritte Charakteristikum der österreichischen Handels- und Gewerbekammern ist der verhältnismäßig weite Umfang von eigentlichen Verwaltungsaufgaben, die in anderen Ländern von lokalen Staatsbehörden wahrgenommen zu werden pflegen. Die Handels- und Gewerbekammern führen ein öffentliches Register der Aktiengesellschaften, bei dem alle auf die Errichtung usw. der Gesellschaften bezüglichen Urkunden ausliegen, sowie Register aller übrigen Firmen, die gleichfalls der Oeffentlichkeit zugänglich sind. Sie verwalten ein Marken- und Musterregistrierungsamt. Sie stellen schließlich Ursprungszertifikate für den Warenexport aus und fertigen für Handlungsreisende zur ermäßigten Beförderung von Musterkoffern Legitimationskarten aus. Diese ihnen gesetzlich übertragenen Verwaltungspflichten zusammen mit den ihnen als Interessenvertretungen zustehenden Aufgaben zwingen die Kammern zur Unterhaltung eines umfangreichen Personals, das auch kleine Kammern nicht entbehren können.

Sonstige Aufgaben und Befugnisse.

Neben ihren politischen Rechten, ihren Aufgaben bei der Förderung des Kleingewerbes und ihrer Tätigkeit bei der Verwaltung von Handel und Gewerbe haben die Kammern alle in anderen Ländern üblichen Befugnisse und Aufgaben wirtschaftlicher Interessenvertretungen. Sie haben das Recht, aus eigener Initiative den Ministerien oder Landesbehörden Vorschläge zu unterbreiten. Sie haben das gesetzlich gewährleistete Recht, alle Handel und Gewerbe berührenden Gesetzentwürfe vor ihrer Vorlage an die gesetzgebenden Körperschaften zu prüfen. Vor der Errichtung öffentlicher Anstalten, wie der Börsen, Lagerhäuser und Wägeanstalten, muß ihr Gutachten eingeholt werden; bei der Veranstaltung von Ausverkäufen sind sie zu befragen. Sie sind vertreten in den Eisenbahnbeiräten, dem Zollbeirat, im Beirat für die indirekte Besteuerung, in der Landeskommission für die Erwerbssteuer, in den Schulausschüssen für das gewerbliche und kommerzielle Fortbildungsschulwesen. Sie machen Vorschläge für die Ernennung von Maklern, Börsenschiedsrichtern, von Handelsgerichtsbeisitzern, gerichtlichen Sachverständigen, Zwangsverwaltern, Revisoren für Aktiengesellschaften, von Zensoren für die Filialen der österreichisch-ungarischen Bank. Sie haben Schiedsgerichte für die Entscheidung von Streitigkeiten über Handels- und Gewerbeangelegenheiten. Die Kammern sind verpflichtet, alljährlich über ihre Tätigkeit und über den Gang von Handel und Industrie dem Handelsminister zu berichten. Alle fünf Jahre haben sie über die wirtschaftliche Entwicklung ihres Bezirkes einen statistischen Bericht zu erstatten.

Neben diesen offiziellen Befugnissen und Aufgaben widmen sich die Kammern freiwilligen Aufgaben. Sie gründen und unterhalten Handels- und Gewerbeschulen (z. B. Brünn, Olmütz, Innsbruck), schaffen Gewerbebeförderungsinstitute und Museen (z. B. Reichenberg, Prag, Graz, Innsbruck, Bozen), unterhalten Exportbureaus (Reichenberg, Pilsen, Prag und Wien). Sie gewähren für gewerbliche, kommerzielle und gemeinnützige Zwecke finanzielle Beihilfen, veranstalten oder unterstützen Ausstellungen, Märkte und Kongresse, je nach der finanziellen Leistungsfähigkeit der Kammern und den Bedürfnissen ihrer Bezirke.

Organisation. Jede Kammer zerfällt meist in eine Handels- und eine Gewerbesektion; der Bergbau wird meist zur letzteren gerechnet, in einigen Orten besteht für ihn eine dritte Sektion. Jede Kammer besteht aus 16—48 wirklichen Mitgliedern und beliebig vielen vom Kammerplenum gewählten korrespondierenden. Letztere haben nur beratende Stimme. Der Handelsminister bestimmt im Einverständnis mit den Kammern die Zahl der wirklichen Mitglieder und ihre Verteilung auf die einzelnen Sektionen. Die Mitglieder werden alle drei Jahre zur Hälfte auf sechs Jahre gewählt; eine vom Minister bestimmte Zahl von ihnen hat am Sitz der Kammer ihren Wohnort, die übrigen wohnen an anderen Orten des Bezirkes. Die Wahlberechtigten, alle im Vollgenuß der bürgerlichen Rechte stehenden Handel- und Gewerbetreibenden des Bezirks mit einem bestimmten Erwerbssteuerzensus, sind je nach der Höhe ihrer Erwerbssteuer in Wahlklassen geteilt. Jede Klasse hat nach einer vom Handelsminister genehmigten Wahlordnung eine bestimmte Zahl von Kammermitgliedern zu wählen, jedoch in der Weise, daß Kleinhandel und Kleingewerbe in der Kammer wohl vertreten, andererseits doch wieder nicht von vorwiegendem Einfluß sind. Nur Inländer sind wählbar; in Triest jedoch darf höchstens ein Drittel der wirklichen Kammermitgliederzahl Ausländer sein.

Geschäftsführung

Jede Handels- und Gewerbekammer wählt alljährlich einen Präsidenten und einen Vizepräsidenten, welche vom Minister bestätigt werden müssen. Der Präsident ist der gesetzliche Vertreter der Kammer; er ist für die Beobachtung der gesetzlichen Bestimmungen und die Vollziehung der Kammerbeschlüsse verantwortlich. Er kann einen Kammerbeschluß, dessen Vollziehung er nicht glaubt verantworten zu können, sistieren, muß ihn jedoch sodann dem Handelsminister vorlegen. Er fertigt alle Erlässe und Mitteilungen unter Mitzeichnung des Sekretärs aus.

Der Sekretär muß fachwissenschaftlich gebildet sein. Er wird zur Besorgung der laufenden Geschäfte von der Kammer erwählt und erhält das erforderliche Hilfspersonal. Da die Handels- und Gewerbekammern Organe zur Befragung öffentlicher Angelegenheiten darstellen, sind die von ihnen ernannten Sekretäre Beamte der öffentlichen Verwaltung. Die Sekretäre erhalten ihre Geschäftszuweisung vom Präsidenten.

Die Kammersitzungen finden in der Regel monatlich einmal, nötigenfalls öfter statt. Die Beratung ist in der Regel auf das Sitzungsprogramm zu beschränken; dringliche Gegenstände können aber jederzeit verhandelt werden. Die Sitzungen sind meist öffentlich, die Protokolle der öffentlichen Sitzungen werden gedruckt. Die Kammer ist beschlußfähig, sobald die Hälfte der Mitglieder anwesend ist. Zur Vorberatung und Berichterstattung werden für bestimmte Fragen Ausschüsse gebildet.

Der Handelsminister delegiert zu den Sitzungen einen Kommissär, welcher jederzeit das Wort erhält, aber nicht stimmberechtigt ist.

Kostenaufwand.

Infolge der umfangreichen Tätigkeit der österreichischen Handelskammern ist ihr Kostenaufwand recht erheblich. Sie entwerfen jährlich einen vom Minister zu genehmigenden Voranschlag und legen jährlich Rechnung über ihre wirklichen Ausgaben. Soweit der Betrag des genehmigten Voranschlags nicht durch eigene Einkünfte der Kammern gedeckt wird, wird er zu der direkten Staatssteuer auf den Bergbau-, Gewerbe- und Handelsbetrieb zugeschlagen und mit ihr zugleich für die Kammer erhoben. Soweit die Kammern nicht eigene Räumlichkeiten zur Verfügung haben, ist die Gemeinde des Kammersitzes verpflichtet, unentgeltlich Räumlichkeiten herzugeben. Die Kammern erfreuen sich weitgehender Portofreiheiten.

Handelskammertag.

Schon in den 1860er Jahren wurde, wenn auch vergeblich, die Errichtung einer Handelskammer für die ganze Monarchie angeregt. Doch gelang es im Jahre 1873 in Wien einen Handelskammertag zur Beratung wirtschaftspolitischer Fragen von allgemeinem Interesse zustande zu bringen. Drei Jahre später wurde für die Abhaltung von Handelskammertagen eine neue Geschäftsordnung festgestellt. Bis 1906 wurden im ganzen sieben Handelskammertage abgehalten, auf welchen besonders Geld- und Bankwesen, Eisenbahnwesen, Gewerbeordnung, Handelsverträge, Kranken- und Unfallversicherung und Reform der direkten Personalsteuern verhandelt wurden.

Zentralstelle.

Die Vorbereitung des neuen autonomen Zolltarifs machte jedoch 1900 ein intensiveres Zusammenwirken der österreichischen Handelsvertretungen wünschenswert. Mit dem Zentralverband der Industriellen Oesterreichs veranstaltete die Handels- und Gewerbekammer Wien gemeinsam Enqueten. Im folgenden Jahre vereinigten sich die österreichischen Kammern mit dem Zentralverband der Industriellen zur Gründung der „Zentralstelle der Handels- und Gewerbekammern und des Zentralverbandes der Industriellen Oesterreichs zur Vorbereitung der Handelsverträge". Die Präsidien der Kammern von Brünn, Graz, Lemberg, Prag, Reichenberg, Triest und Wien und des Zentralverbandes bilden einen Ausschuß, welcher die Zentralstelle nach außen hin vertritt und ihre Beschlüsse ausführt. Der Sitz ist in Wien, ihr Bureau befindet sich bei der Wiener Handels- und Gewerbekammer. Nach dem Verhältnis des Budgets tragen die Kammern zur Deckung der Kosten bei. Die Zentralstelle hat von den Sekretären ihrer Körperschaften in gemeinsamer Arbeit einen ausführlich begründeten Entwurf eines autonomen Zolltarifs anfertigen und veröffentlichen lassen, der die Gesetzgebung wesentlich beeinflußt hat. Die Zentralstelle hat sodann weitere Arbeiten zur Vorbereitung von Handelsverträgen übernommen und sich auch sonstigen Arbeiten von allgemeinem Interesse zugewandt (z. B. der Unfallversicherung). Ihre Publikationen füllten 1906 schon 25 Hefte. Die ursprünglich nur als zeitweilig gedachte Institution entschloß man sich, von ihrem Nutzen überzeugt, dauernd zu machen. Ende März 1906 wurde der Titel der Zentralstelle in „Handelspolitische Zentralstelle der vereinigten Handels- und Gewerbekammern und des Zentralverbandes der Industriellen Oesterreichs" umgewandelt. Sie übernahm gleichzeitig die Aufgabe einer periodischen Berichterstattung über die Wirkung der handelspolitischen Gesetzgebung auf Handel und Industrie.

Ungarn.

Die Handels- und Gewerbekammern in Ungarn.

Die ungarischen Handels- und Gewerbekammern unterscheiden sich von den österreichischen dadurch, daß sie keine politischen Wahlrechte besitzen, daß sie nicht im Dienste einer staatlichen Kleingewerbeförderung stehen, und daß der Kreis ihrer Verwaltungsaufgaben enger ist. Im übrigen sind ihre Aufgaben, Organisation und Geschäftsführung trotz mancher Verschiedenheiten im einzelnen ähnlich wie bei den österreichischen Kammern.

Aufgaben.

Die ungarischen Handels- und Gewerbekammern haben ihre vorgesetzte Behörde, das Ministerium für Ackerbau, Handel und

Industrie, auf Befragung und aus eigener Initiative mit Gutachten und Ratschlägen zu unterstützen. Zur Förderung von Handel und Gewerbe treten sie auch mit den provinzialen Landesbehörden (den Jurisdiktionen) und mit Körperschaften und Privaten, auch miteinander in Verbindung. Sie haben alle zur Handels- und Gewerbestatistik notwendigen Daten zu sammeln und alljährlich dem Minister einen Bericht über Entwicklung von Handel und Gewerbe ihrer Bezirke zu erstatten. Sie sollen über die bei ihnen deponierten Warenstempel, Muster und Modelle ein Register führen, Ursprungszeugnisse ausstellen und Auskünfte über lokale Handelsgewohnheitsrechte erteilen. Die Prüfung und Anstellung von Sensalen ist ihnen übertragen.

Organisation.

Zahl und Sitze der Kammern bestimmt der Minister. Jede Kammer besitzt eine Handels- und eine Gewerbeabteilung. Die Mitgliederzahl beträgt in Budapest 48, sonst 32; jeder Abteilung gehört die Hälfte der Mitglieder an. Innere Mitglieder, die am Sitz der Kammer wohnen, und auswärtige, die im Kammerbezirk wohnen, sind in beiden Abteilungen in gleicher Anzahl. Außerdem ernennt die Kammer an beliebigen Orten korrespondierende Mitglieder mit nur beratender Stimme. Alle Wahlen gelten für fünf Jahre. Aktiv und passiv wahlberechtigt sind alle im Vollgenuß der Bürgerrechte befindlichen Personen, die seit einem Jahr im Kammerbezirk Handel oder Gewerbe treiben.

Geschäftsführung.

An der Spitze der Kammern stehen ein Präsident und zwei Vizepräsidenten, die auf fünf Jahre gewählt und vom Minister bestätigt werden. Der Präsident leitet die Geschäftsführung der Kammer und unterzeichnet mit dem Sekretär alle Ausgänge. Die beiden Kammerabteilungen verhandeln die zu ihrem Ressort gehörenden Gegenstände unter ihren Vizepräsidenten. Beschlüsse werden nur in den gemeinschaftlichen Sitzungen gefaßt. Diese finden in der Regel monatlich statt und sind öffentlich; Beschlußfähigkeit ist erreicht, wenn 12 stimmberechtigte Mitglieder anwesend sind. Den Beschlüssen ist auf das Verlangen des vierten Teils der Anwesenden auch das Minoritätsvotum anzuschließen.

Der Minister für Ackerbau, Industrie und Handel ist berechtigt, zu Plenar- und Abteilungssitzungen einen Kommissar zu entsenden, der jederzeit das Wort ergreifen darf, aber kein Stimmrecht besitzt.

Kostenaufwand.

Soweit die Kosten der Handels- und Gewerbekammern nicht aus eigenen Einnahmen gedeckt werden, werden sie auf die wahlberechtigten Handels- und Gewerbetreibenden ihrer Bezirke nach dem Verhältnis der von diesen gezahlten Einkommen- und Personal-Erwerbssteuer umgelegt und mit dieser zusammen erhoben. Die Kammern haben dem Minister Jahresvoranschlag und Schlußrechnung vorzulegen. Sie genießen für ihre amtliche Korrespondenz Postportofreiheit.

Italien.

Zentralverwaltung.

Nach der Verfassung des Königreichs Italien werden die gesamten wirtschaftlichen Interessen des Landes durch ein einziges Ministerium wahrgenommen, das Ackerbau-, Gewerbe- und Handelsministerium.

Ursprung der Handelskammern.

Diese Häufung der Geschäfte in einem einzigen Ressort machte von Anfang an, seit der Begründung des Wirtschaftsministeriums im Jahre 1860, das Bedürfnis nach freiwilliger Mitarbeit des Handels- und Gewerbestandes an der Verwaltung der ökonomischen Interessen fühlbar. Seit den Zeiten der französischen Herrschaft hatte es in Italien Handels- und Gewerbekammern gegeben. Diese wurden im Jahre 1862 neu organisiert; das ganze Land wurde in Kammerbezirke eingeteilt.

Oberster Handels- und Gewerberat

Ebenfalls nach französischem Vorbilde schuf sich bald darauf Italien ein Bindeglied zwischen seiner Zentralstaatsbehörde, dem Ministerium, und den Vertretungen von Handel, Gewerbe und Schiffahrt. Im Jahre 1869 wurde beim Ackerbau-, Gewerbe- und Handelsministerium ein „oberster Handels- und Gewerberat" errichtet, der aus Mitgliedern der Staatsregierung, wie des Handels- und Gewerbestandes besteht und über die gesetzgeberischen und administrativen Pläne der Regierung, wie über die Vorschläge der Handelskammern sein Gutachten abgibt, auch aus eigener Initiative Maßregeln zur Förderung der nationalen Industrie und des Gewerbes vorschlägt. Er bestand anfangs aus zwei Sektionen, je einer für Handel und Gewerbe; im Jahre 1870 trat als dritte die Sektion der Zölle hinzu, deren Aufgabe die Feststellung von Gutachten über die Auslegung, Durchführung und Abänderung der Zolltarife und Zollreglements ist. Der Rat besteht aus 20 aus den erfahrensten Vertretern des Handels- und Gewerbestandes ausgewählten Personen und den ersten Verwaltungsbeamten aller Ressorts, welche in Beziehung zum Wirtschaftsleben stehen, also besonders des Ackerbau- und Handelsministeriums, der Ministerien der Finanzen und der öffentlichen Arbeiten. Letztere gehören dem Rate von Amtswegen an. Die ernannten Mitglieder sind unbesoldet und haben eine dreijährige Amtszeit; alljährlich scheidet ein Drittel von ihnen aus. Der Handels- und Gewerberat berät entweder in Generalversammlungen, welche der Minister einberuft und abhält, oder in Sektionssitzungen, die von deren Präsidenten einberufen und abgehalten werden. Zur Beratung von wirtschaftlichen Fragen, welche auch die Landwirtschaft berühren, wird der Handels- und Gewerberat zugleich mit einem Ackerbaurat einberufen, mit dem er sodann einen gemeinsamen Beratungskörper bildet.

Stellung des Handels- und Gewerberats.

Der oberste Handels- und Gewerberat stellt eine Verbindung dar zwischen Staatsverwaltung und Interessenvertretung, doch nicht in dem Sinne, daß er eine notwendige Zwischeninstanz wäre. Vielmehr vollzieht sich der Verkehr zwischen Regierung und Handelskammer ganz direkt; der oberste Handels- und Gewerberat ist nur ein Organ des Staates, das mit Hinzuziehung hervorragender Vertreter der Handels- und Gewerbeinteressen arbeitet.

Handelskammern. Zahl und Bezirke. Die Handelskammern wurden durch das noch heute geltende Gesetz vom 6. Juli 1862 für das ganze Reich eingesetzt und traten, wo solche seit der Zeit der französischen Herrschaft vorhanden waren, an die Stelle älterer Handels- und Gewerbevertretungen. Ihre Zahl ist etwas größer als die der Provinzen, nämlich 76; ihre Geschäftsbezirke schließen sich im wesentlichen der Provinzialeinteilung an. Die lokalen und provinziellen wirtschaftlichen Bedürfnisse werden von ihnen wahrgenommen.

Zusammensetzung und Wahl. Die Zahl der Kammermitglieder soll 9 bis 21 betragen, von denen zwei Drittel am Ort der Kammer wohnen müssen. Sie werden mit relativer Majorität gewählt. Aktives und passives Wahlrecht haben alle, die im Bezirke Handel oder Gewerbe treiben und im Genuß des Wahlrechts für die Gemeinde- und Provinzialwahlen stehen, das an den Nachweis einer gewissen Minimalbildung geknüpft ist. Wahlberechtigt und wählbar sind ferner Seekapitäne, auch die Direktoren von Aktien- und Kommanditgesellschaften, die im Bezirk domiziliert sind, sowie auch die Fremden, die mindestens fünf Jahre im Kammerbezirk tätig sind und alle Eigenschaften erfüllen, die einen Einheimischen wahlberechtigt machen würden. Alle zwei Jahre tritt die Hälfte der Mitglieder aus.

Geschäftsführung. Das Amt des Präsidenten und des Vizepräsidenten dauert dementsprechend zwei Jahre. Der Präsident ist der gesetzmäßige Vertreter der Kammer, leitet die Verwaltung, beruft und leitet die Sitzungen, unterzeichnet die Korrespondenzen und alle Aktenstücke und bescheinigt im Namen der Kammer Unterschriften von Kaufleuten. — Die Handelskammerversammlungen sind beschlußfähig, sobald wenigstens die Hälfte der Mitglieder anwesend ist. Ist auch diese nicht erschienen, so muß der Präsident eine neue Versammlung ansetzen, die unter allen Umständen beschlußfähig ist. Mitglieder, die ohne Grund sechs Monate hindurch bei den Sitzungen fehlen, verlieren ihr Mandat. Die Handelskammer beschließt mit absoluter Majorität. Ueber ihre Sitzungen sind Protokolle aufzunehmen, welche veröffentlicht werden müssen. — Zur Erledigung oder Bearbeitung der laufenden Geschäfte stellen die Kammern einen Sekretär an und geben ihm nach Bedarf Hilfspersonal bei; die Stellen und die Gehälter (nicht die Personen) unterliegen der Bestätigung durch den Minister für Ackerbau, Handel und Gewerbe.

Finanzen. Die Kosten der Geschäftsführung decken die Kammern, welche eignes Vermögen besitzen dürfen, aus den Erträgnissen desselben, aus den Ueberschüssen der von ihnen verwalteten

Anstalten und durch eine Taxe auf die von ihnen ausgestellten Zertifikate. Außerdem dürfen sie eine Abgabe auf alle Seeversicherungen, Ladepolicen und ähnliche kommerzielle Verträge legen, Zuschläge auf die im Kammerbezirk bestehenden Erwerbssteuern einziehen und, wenn diese nicht vorhanden sind, die Handels- und Gewerbetreibenden verhältnismäßig besteuern. Zur Erhebung der Steuern ist die Genehmigung des Ministers erforderlich. In Wirklichkeit beziehen die meisten Kammern ihre Einkünfte aus den Zuschlägen zur Erwerbssteuer, die anderen aus einer besonderen Besteuerung der Handels- und Gewerbetreibenden, und nur zwei oder drei aus Abgaben auf Seeversicherungen usw. — Die Verwendung der eingehenden Gelder unterliegt der Genehmigung des Ministers, dem Voranschläge und Rechnungsabschluß vorgelegt werden müssen.

Tätigkeit.

Das Gesetz gibt den italienischen Handelskammern große Bewegungsfreiheit. Es legt ihnen die Pflicht auf, den Behörden beratend und gutachtend zur Seite zu stehen, überträgt ihnen zahlreiche Verwaltungsgeschäfte und gibt ihnen neben diesen Pflichtaufgaben ein weites Feld für fakultative Betätigung.

Beratende Tätigkeit.

Zur Beratung der Regierung müssen sie ihr jederzeit auf Verlangen Gutachten und Berichte über alle Fragen des Handels und des Gewerbes erstatten. Neben diesen gelegentlichen Aeußerungen haben sie alljährlich einen schriftlichen, statistischen Bericht über die Lage von Handel und Industrie im Kammerbezirk zu erstatten Und darüber hinaus ist ihnen aufgetragen, der Regierung auf Grund ihrer Berichte im einzelnen die Ursachen bestehender Mißstände anzugeben und Vorschläge zu ihrer Abhilfe und überhaupt zur Hebung von Handel und Industrie zu machen.

Verwaltungsaufgaben.

Der Umfang der ihnen übertragenen Verwaltungsgebiete ist weit. Sie haben die Verwaltung und die Aufsicht der Handelsbörsen auszuüben, sie können die Angelegenheiten des Seidenhandels regeln, die Verwaltung von Lagerhäusern, Bergungsmagazinen und anderen Handelsetablissements besorgen, sie stellen die Listen der zu Handelssachverständigen geeigneten Personen auf, die Listen für die Auswahl von Konkursverwaltern, und sollen „in betreff der Makler und Sachverständigen die bestehenden staatlichen Aufsichtsbefugnisse ausüben“. Bis zur Aufhebung der Handelsgerichte im Jahre 1888 stellten sie auch die Listen der Handelsgerichtsbeisitzer auf.

Fakultative Aufgaben.

Neben den angeführten Befugnissen weist das Gesetz die Kammern auf weitere Aufgaben hin. Sie haben das Recht, zur Untersuchung kommerzieller und gewerblicher Fragen die Hilfe Sachverständiger in Anspruch zu nehmen, sie können sich mit andern Handelskammern bei gemeinsamen Fragen in Verbindung setzen. Sie können selbständig oder mit Unterstützung des Ministeriums Handels- und Gewerbeschulen gründen und unterhalten und dürfen für ihren Bezirk

Handels- und Gewerbeausstellungen veranstalten. Weiter ist ihnen erlaubt, gegen eine Entschädigung von $1/_2$ % des Verkaufserlöses freiwillige öffentliche Verkäufe zu übernehmen. Sie haben endlich Schiedsgerichte für Streitigkeiten zwischen Prinzipalen und Handelsangestellten eingerichtet, Platzusancen aufgestellt, Firmenregister angelegt und dadurch den Kreis ihrer Wirksamkeit erweitert.

Leistungen der Kammern.

Die Organisation der Handelskammern und der Umkreis ihrer Befugnisse haben sich im wesentlichen bewährt. Die seit 1862 geltenden Bestimmungen sollen, nach dem Wunsch des Handelsstandes selbst, auch bei der jetzt vorbereiteten Reform nur unwesentlich abgeändert werden, da das bestehende Gesetz im wesentlichen die Möglichkeit zu einer fruchtbringenden Tätigkeit der Handelskammern bietet. Wenn diese Tätigkeit hauptsächlich noch auf die Wahrung und Förderung lokaler Interessen beschränkt geblieben ist, so wird die im letzten Jahrzehnt erfolgte glänzende Entwicklung des wirtschaftlichen und industriellen Lebens Italiens hierin unzweifelhaft eine Aenderung herbeiführen, wofür unverkennbare Anzeichen vorliegen. Der Einfluß der bedeutenderen Handelskammern auf den Gebieten des Börsen-, Eisenbahn-, Finanz- und Zollwesens ist in den letzten Jahren bei Regierung und Parlament erheblich gestiegen. Hierher gehören namentlich auch die Bemühungen, durch gemeinschaftliches Arbeiten der Handelskammern größeren Einfluß zu gewinnen.

Handelskammerkongresse.

Schon früher fanden sich die Handelskammern, wenn auch nicht regelmäßig, so doch im Lauf von 40 Jahren siebenmal zu Kongressen zusammen, um neue Ideen zu fördern und freundschaftliche Beziehungen unter den Kammern anzubahnen, sowie um schädlich erscheinende gesetzgeberische Maßnahmen zu bekämpfen.

Nationale Handelskammervereinigung. Gründung.

Die Erwägung indessen, daß eine erfolgreiche Initiative nur herbeigeführt werden könne durch eine einheitliche und dauernde Organisation, rief im Jahre 1900 den Vorschlag der Handelskammer zu Mailand hervor, die Handelskammern Italiens nach dem Vorbild der englischen Handelskammervereinigung und des deutschen Handelstages zu einem ständigen Verbande mit einem ständigen Arbeitsbureau zusammenzuschließen. Die Kammern von Ankona und Vicenza förderten den Gedanken weiter. Ein in Mailand zusammengetretener Kongreß von 74 Handelskammern beschloß fast einstimmig am 7. Juni 1901 seine Durchführung.

Stellung.

Die Unione delle camere di commercio faßt die italienischen Handelskammern zu gemeinsamer Arbeit an allen wirtschaftlichen Fragen von mehr als lokalem Charakter zusammen. Sie will eine allgemeine öffentliche wirtschaftliche Meinung als die Resultante der Bestrebungen einzelner Städte und Provinzen schaffen und ihr zum Einfluß auf die Gesetzgebung und Verwaltung verhelfen. Wie der oberste Handels- und Gewerberat bezweckt sie, eine Verbindung zwischen Staatsregierung und Handelsstand herzustellen. Auch sie will nicht den unmittelbaren Verkehr zwischen Einzelkammer und Regierung hemmen. Wie der oberste Handels- und Gewerberat ein Organ der Regierung ist, das der Fühlungnahme mit der Praxis dient, ist die Unione delle camere di commercio ein Organ der in vollster Selbständigkeit verbleibenden Einzelkammern, das dazu dient, Einfluß auf den Gang der Gesetzgebung zu gewinnen.

Organisation und Tätigkeit.

Der Unione delle camere di commercio gehörten im Jahre 1906 73 Handelskammern Italiens und 13 italienische Auslands-Handelskammern an. Diese delegieren zu der einmal im Jahre in Rom zusammentretenden Generalversammlung eins oder auch zwei ihrer Mitglieder, oft auch ihren Sekretär. Die Generalversammlung berät über alle Fragen der Handels-, Sozial- und Steuergesetzgebung, sowie des Verkehrswesens, widmet sich besonders auch der Förderung internationaler Wirtschaftsbeziehungen und des italienischen Exports und faßt Resolutionen ab. Die Verhandlungen der Generalversammlungen werden vom Comitato esecutivo vorbereitet. Dieser besteht aus den Vertretern von 25 Kammern, welche von der Generalversammlung jährlich zur Hälfte bestimmt werden. Der Comitato esecutivo kommt jährlich mehrmals — etwa dreimal — zu mehrtägigen Verhandlungen zusammen; zur Beratung von verschiedenen Fragen werden auch Spezialkommissionen von etwa 6 Kammern eingesetzt, die als Resultat ihrer Arbeiten der Generalversammlung Berichte vorlegen und Resolutionen vorschlagen. Der Verband hat in Rom ein ständiges Bureau unter der Leitung eines Generalsekretärs zur Vorbereitung der Beratungen und zur Erledigung der laufenden Geschäfte. Durch dieses veröffentlicht er die Verhandlungsberichte der Generalversammlung und des Ausschusses, sowie die von den Spezialkommissionen oder den Beamten der Hauptversammlung erstatteten Berichte (deliberazioni und relazioni). Er gibt durch das Sekretariat ferner zwei Zeitschriften heraus. Das „Bolletino Ufficiale della Unione delle Camere di Commercio" publiziert in einem ersten offiziellen Teile die Veröffentlichungen des Verbandes, bringt die wirtschaftliche Gesetzgebung zur Kenntnis und berichtet über Versammlungen, Vorträge usw. In einem zweiten, nicht offiziellen Teile berichtet es über das politische und wirtschaftliche Leben des In- und Auslandes. Seit dem April 1904 veröffentlicht der Verband ferner in spanischer Sprache eine Zeitschrift: La Exportacion Italiana, die zur Förderung des italienischen Exports dient, gratis abgegeben wird, aber durch ihre Annoncen dem Verband Einnahmen schafft.

Belgien.

Im Jahre 1485 wurde vom Erzherzog Maximilian zur Vertretung der Handelsinteressen in Antwerpen die erste belgische Handelskammer gegründet. In der Zeit der französischen Herrschaft erhielt Belgien ebenso wie Holland Handelskammern, die nach französischem Vorbild lediglich als begutachtende Organe der Behörden gedacht waren. Ihre Mitglieder wurden vom Könige ernannt. Nach der 1830 erfolgten Trennung Belgiens von Holland wurden die Handelskammern 1841 und 1869 reorganisiert; doch blieb die Ernennung der Mitglieder durch den König bestehen. 1858 wurde durch Gesetz ein oberster Handels- und Gewerberat begründet. Ihm gehörten Vertreter der belgischen Handelskammern, daneben auch vom König berufene Mitglieder an. Seine Aufgabe war die Begutachtung der von der Regierung ihm vorgelegten Fragen und die Stellung von Anträgen für die Förderung von Handel und Industrie. Die entstehenden Kosten trug der Staat. Frühere Kammern.

Eine Anfang der 1870er Jahre beginnende Bewegung, welche die Ernennung der Handelskammermitglieder seitens des Königs durch Wahlen der Gewerbetreibenden ersetzen wollte, blieb resultatlos. Vielmehr wurden im Jahre 1875 durch ein gegen den heftigen Widerstand einer großen Minorität durchgebrachtes Gesetz die bestehenden 23 Handelskammern überhaupt aufgehoben. Der oberste Handels- und Gewerberat blieb mit den notwendigen Aenderungen in seiner Zusammensetzung bestehen.

Der heutige conseil supérieur de l'industrie et du commerce, der auf dem königl. Erlaß vom 15. Januar 1896 beruht, ist in Belgien jetzt das einzige offizielle Organ zur Vertretung der Interessen des Handels und der Industrie. Er besteht aus einer großen Zahl von Mitgliedern, von diesen wird ein Teil vom Könige ernannt, die Mehrzahl wird von den Handels- und Gewerbetreibenden des Landes in indirekter Wahl gewählt. In jeder Provinz werden die Kaufleute und Gewerbetreibenden, welche mindestens 20 Fr. Patentsteuer bezahlen, nach der Art ihrer Betriebe in Gruppen eingeteilt, deren jede eine Anzahl von Provinzialdelegierten zu wählen hat. Die Provinzialdelegierten des ganzen Landes werden wieder nach ihrer Zugehörigkeit zu den verschiedenen Branchen in Gruppen eingeteilt, von denen eine jede eine bestimmte Anzahl von Mitgliedern des conseil supérieur de l'industrie et du commerce wählt. Der Conseil wird vom Minister für Ackerbau, Industrie und öffentliche Arbeiten berufen. Er ist eine beratende Körperschaft, welche die Aufgabe hat, der Regierung Gutachten über Gesetzesvorlagen usw. zu erstatten. Ein Drittel der Mitglieder kann die Einberufung des Rates verlangen. Conseil supérieur de l'industrie et du commerce.

Neben dem offiziellen Ober-Handels- und Industrierat finden Freie Vereinigungen.

sich in Belgien eine größere Reihe von freien Vereinigungen der Handel- und Gewerbetreibenden. Diese haben teilweise schon zurzeit der Handelskammern bestanden, zum Teil sind sie nach deren Aufhebung begründet. Sie führen verschiedene Bezeichnungen; meistens heißen sie oder ihre leitenden Ausschüsse auch Handelskammern. Ihre Verfassungen und Zwecke sind sehr verschieden. Sämtlich besitzen sie keine vom Staate übertragenen Aufgaben oder Befugnisse. Auch genießen sie vom Staate keine Unterstützung, sondern sind auf die Leistungen ihrer Mitglieder angewiesen; jedoch werden einige Kammern von Kommunen subventioniert. Aus der Zahl dieser Vereinigungen erwähnen wir hier ausführlicher die von Brüssel, Antwerpen, Verviers und Gent.

Brüssel.

Die Chambre de Commerce de Bruxelles (Union syndicale) wurde im Jahre 1875 zur Vertretung der Interessen von Handel und Gewerbe begründet. Sie stellt eine Zusammenfassung von 70 Verbänden (Chambres Syndicales) der verschiedenen Handels- und Industriezweige Brüssels dar, deren Spezialinteressen sie durch Unterstützung bei den Behörden fördert. Nur Mitglieder solcher Verbände können wirkliche Mitglieder der Union syndicale werden. Außerdem kennt die Union affiliierte Mitglieder; dies sind die Teilnehmer solcher Verbände — ihre Zahl beträgt jetzt fünf —, die nicht in die Union aufgenommen, aber mit ihr affiliiert sind. Alle wirklichen Mitglieder bezahlen einen festen Jahresbeitrag. Alljährlich findet einmal eine Generalversammlung derselben statt. In dieser berichtet das Zentralkomitee über die Arbeiten der Union und über ihren Vermögensstand. Gleichzeitig werden Wahlen zum Zentralkomitee vorgenommen. Die Zahl der wirklichen Mitglieder beträgt zurzeit über 4000.

Bei der Union syndicale bestehen fünf sogenannte Sektionen, welchen alle wirklichen und Ehrenmitglieder der Union beitreten dürfen. Diese vertreten kein einzelnes gewerbliches Interesse, sondern haben die Aufgaben, die Interessen der Künste und Wissenschaften (z B. Volkswirtschaft und Rechtswissenschaft) in ihren Beziehungen zum Handel und zu den Gewerben zu fördern. Jede Sektion wählt ein Bureau und schickt Delegierte ins Zentralkomitee.

Das Zentralkomitee, der Repräsentant und Verwalter der Union. besteht aus Personen, welche in der Generalversammlung der wirklichen Unionsmitglieder gewählt sind, und aus Delegierten der angeschlossenen Chambres syndicales, der Sektionen und der affiliierten Assoziationen. Letztere haben jedoch nur beratende Stimme. Das Zentralkomitee wählt alljährlich aus seiner Mitte ein größeres Bureau mit einem Präsidenten an der Spitze Es verwaltet mit dem Bureau die Finanzen der Union, beruft die Generalversammlungen der Union, führt deren Beschlüsse aus, stellt Beamte an, setzt zur eingehenden

Beratung bestimmter Fragen Komitees und Ausschüsse ein, verkehrt mit den Chambres syndicales, Sektionen und affiliierten Assoziationen und gibt eine wöchentlich erscheinende Zeitschrift heraus.

Trotz ihrer organischen Eingliederung in die Union syndicale sind die zur Vertretung bestimmter Gewerbe begründeten Chambres syndicales selbständig. Sie stellen Syndici an, beraten über alle ihr Gewerbe berührenden Fragen, üben eine schiedsrichterliche Tätigkeit aus und machen den Gerichten Vorschläge zur Ernennung von Sachverständigen. Sie beschäftigen sich ferner mit allen Fragen, welche ihnen das Zentralkomitee der Union zur Beratung überweist und legen dem Zentralkomitee alljährlich einen Bericht über den Stand ihres Produktions- oder Handelszweigs vor

Antwerpen.

Die in Antwerpen zur Wahrung der Interessen von Handel, Industrie und Schiffahrt, insbesondere zur Befreiung des wirtschaftlichen Lebens von allen Fesseln, begründete Handelskammer stellt nicht wie die Handelskammer zu Brüssel eine Zusammenfassung von selbständigen Verbänden dar, sondern ist eine einheitliche Körperschaft. Die Aufnahme in die Kammer erfolgt nur auf Vorschlag eines Kammermitgliedes durch geheime Ballotage in der Generalversammlung. Durch Dreiviertelmajorität können Mitglieder ausgeschlossen werden. Die Mitglieder sind bei Vermeidung einer Geldstrafe verpflichtet, bei der ordentlichen Generalversammlung zu erscheinen. Alljährlich im Dezember muß eine Generalversammlung stattfinden, in welcher ein Bericht über die finanzielle Lage der Kammer, über ihre Tätigkeit, Resultate und Pläne erstattet wird und die Ergänzungswahlen zum Zentralkomitee vorgenommen werden. Weitere Generalversammlungen sind auf Antrag von mindestens zehn Mitgliedern zu berufen. Die Zahl der Mitglieder betrug 1905 gegen 1100.

Für jeden Zweig der Vertretung der wirtschaftlichen Interessen können in der Regel auf Antrag von wenigstens zehn Personen besondere Sektionen gebildet werden. Ihre Zahl betrug im Jahre 1905 zweiunddreißig. Jede Sektion gibt sich eine Geschäftsordnung und wählt einen Präsidenten auf drei Jahre. Ihre Beschlüsse unterliegen der Genehmigung des Zentralkomitees der Handelskammer.

Das Zentralkomitee führt die Geschäfte der Kammer und verwaltet ihre Finanzen. Es besteht aus 21 in der Generalversammlung gewählten Mitgliedern, welche aus ihrer Mitte ein Bureau mit dem Präsidenten an der Spitze ernennen, und den Präsidenten der 32 Sektionen. Das Zentralkomitee hält monatlich mindestens eine Sitzung ab und beruft die Generalversammlungen ein. Es gibt sich selbst eine Geschäftsordnung und ist befugt, Beamte anzustellen. Bei 17 der Sektionen bestehen Schiedsgerichte (Chambres arbitrales). Das Zentralkomitee hat sich mit allen Fragen des wirtschaftlichen Lebens befaßt, z. B. dem Eisenbahnwesen, dem Zollwesen und der Statistik. Insbesondere hat es viel für Verbesserungen des Hafens von Antwerpen getan.

Verviers.

Die Handelskammer zu Verviers, welche 1902 über 300 Mitglieder hatte, besitzt kein Zentralkomitee. Sie hält alljährlich eine größere Anzahl von Kammerversammlungen ab (1901 zehn) und wird von einem aus einem Präsidenten und einem Vizepräsidenten bestehenden Bureau verwaltet. Zur Vertretung bestimmter Interessenkreise bestehen sechs Sektionen, deren Bureaus von Zeit zu Zeit der Handelskammer Berichte erstatten.

Gent.

Der in Gent bestehende Cercle commercial et industriel ist ein Klub, dessen Mitglieder zur täglichen Unterhaltung in den Klubräumen zusammenkommen, allmonatlich aber einmal sich zur Beratung ihrer Berufsinteressen versammeln.

Fédération des associations.

Unter Wahrung ihrer vollen Handlungsfreiheit haben sich die wichtigsten belgischen Handelsvertretungen zu einer Fédération des associations commerciales et industrielles vereinigt, welche 33 Mitglieder zählt. Sie hat die Aufgabe, alle Fragen welche Handel und Industrie zurzeit beschäftigen, zu beraten und im Interesse von Handel und Industrie lösen zu helfen. Jede politische Tätigkeit ist für sie ausgeschlossen. Mitglieder können nur belgische Handels- und Gewerbevereine werden, welche seit einem Jahre bestehen und lediglich die Förderung allgemeiner Interessen zum Ziel haben. Der Aufnahme geht eine Ballotage voraus, bei welcher die Majorität aller oder zwei Drittel der anwesenden Mitglieder für die Aufnahme stimmen müssen. Alle Jahre muß mindestens eine Generalversammlung abgehalten werden; tatsächlich werden mehrere Versammlungen einberufen. Die Leitung der Fédération obliegt dem Generalkomitee, das aus dem Präsidenten der Vereinigung und 66 Mitgliedern, den Vertretern der angeschlossenen Körperschaften (fast immer der Präsident und der Sekretär), besteht und seine Sitzungen in der Regel in Brüssel abhält. Hier besitzt die Fédération auch ihr ständiges Bureau. Die Kosten der Vereinigung werden von den Mitgliedskörperschaften zu gleichen Teilen getragen.

Rußland und Finnland.

Ministerium für Handel und Industrie.

Seit dem Herbste 1905 besteht in Rußland ein besonderes Ministerium für Handel und Industrie, das in seinen Abteilungen (entsprechend den Departements der anderen Ministerien) für Handel und Industrie deren sämtliche Angelegenheiten leitet; außerdem bestehen bei diesem Ministerium noch eine besondere Abteilung für Angelegenheiten der Handelsschiffahrt und Handelshäfen und eine Lehrabteilung zur Leitung der Angelegenheiten der kommerziellen Lehranstalten. Alle Eisenbahnangelegenheiten wirtschaftlichen Charakters (namentlich das Tarifwesen) unterstehen einem besonderen Departement des Finanzministeriums, während die technische Seite des Eisenbahn- und sonstigen Verkehrswesens im Verkehrsministerium verwaltet wird.

Rat für Handel und Manufakturen.

Beim Ministerium für Handel und Industrie besteht ein Rat für Handel und Manufakturen, dessen Hauptsitz St. Petersburg ist, der aber in Moskau eine besondere Abteilung besitzt. Seine Mitglieder werden vom Finanzminister auf vier Jahre unter den Gelehrten, Technikern, Fabrikanten und Kaufleuten ernannt. Alle zwei Jahre scheidet die Hälfte der Mitglieder aus. Der Gehilfe des Finanzministers präsidiert in St. Petersburg; die 32 Mitglieder starke Abteilung Moskau wählt sich selbst einen Präsidenten. Die Aufgabe des Rats ist die Ermittlung und Begutachtung von Maßregeln zur Hebung von Handel und Gewerbe. Insbesondere begutachtet der Rat Gesuche um Privilegien, die Verordnungen über Einrichtung von Fabriken, Sicherheitsmaßregeln und dergl.

Im Königreiche Polen stehen den Gouvernementsverwaltungen zu Warschau und Lublin beratende Komitees für Gewerbeangelegenheiten zur Seite.

Börsenkomitees.

Als eigentliche Vertretungen von Handel und Gewerbe bestehen in Rußland einschließlich Polens an fast allen Hauptplätzen des Großhandels und der Industrie Börsenkomitees, in der Gesamtzahl von 50, deren wichtigste und hervorragendste die von St. Petersburg, Moskau, Riga, Warschau, Kiew, Odessa, Libau, Nischni-Nowgorod, Rybinsk, Charkow und Baku sind. Die Börsenkomitees bilden die Verwaltungs- und Repräsentationsorgane der Börsen (Fonds- und allgemeine Börsen, in letzter Zeit auch eine Anzahl Spezialbörsen, wie Steinkohlen-, Zucker-, Eisen-, Getreide-, Fleisch-, Eier- und Butterbörsen) und werden von den den Börsenverein bildenden ständigen Besuchern der Börse gewählt, beschränken ihre Tätigkeit aber nicht auf die Verwaltung der Börsen und die Pflege des Börsenverkehrs. Vielmehr geben sie den Staats- und Kommunalbehörden Gutachten und Ratschläge, haben vielfach in großem Umfange wirtschaftliche Selbstverwaltungsaufgaben, nehmen durch ihre Vertreter an verschiedenen Zentral- und Lokalverwaltungsbehörden und Kommissionen teil, setzen Arbitragekommissionen ein und genießen in gewissen Grenzen und mit spezieller Genehmigung der gesetzgeberischen Institutionen des Reichs das Recht einer Abgabenerhebung. Die Verfassung und Organisation der Börsenkomitees ist nicht durch Gesetz einheitlich geregelt, sondern jedes Komitee besitzt ein eigenes Allerhöchst bestätigtes Statut für sich. Die Einteilung des russischen Volkes in feste Stände, die frühere Einteilung der russischen Kaufmannschaft in Gilden hat auf die Organisation der Interessenvertretungen in gewissem Sinne eingewirkt, insofern, als früher zur Mitgliedschaft in den Börsenvereinen und zu den Wahlen für die Komitees die Zugehörigkeit zur Kaufmannschaft erster oder an einigen Plätzen auch zweiter Gilde Voraussetzung war. Das ist durch das Gesetz der Reichs-Gewerbesteuer vom 8. Juni 1898 anders geworden, das die früheren Gildensteuern für die Berechtigung zur Ausübung von Handel und Industrie aufhob und nicht wie bisher die Handel treibende Person, sondern das Unternehmen selbst besteuerte. Nach dem neuen Gesetze werden Handels- und Industrieanstalten in eine Anzahl Kategorien eingeteilt, für deren jede feste Abgabensätze aufgestellt sind; außerdem besteht eine ergänzende Gewerbesteuer in der Form einer prozentualen Gewinnsteuer für Aktiengesellschaften und einer Repartitionssteuer (vom abgeschätzten Reingewinne) für sonstige Handels- und Industrieanstalten. Die Gilden bestehen nur noch als Korporationen für die spezielle Verwaltung der rein ständischen Interessen des Kaufmannstandes.

Eine politische Vertretung des Handels und der Industrie ist durch das Gesetz vom 20. Februar 1906 bei der Reorganisation des Reichsrats den Börsenkomitees zugewiesen worden: sämtliche Börsenkomitees zusammen entsenden sechs Vertreter für den Handel und sechs Vertreter für die Industrie in den Reichsrat.

Zwei Typen.

Der Hauptunterschied zwischen der Organisation der Handelsvertretungen von St. Petersburg und Riga, auf deren Darstellung wir uns im wesentlichen beschränken wollen, besteht darin, daß in Riga der gesamten wahlberechtigten Kaufmannschaft ein Kollegium von fünfzehn Mitgliedern gegenübersteht, bei welchem der Schwerpunkt der gesamten Tätigkeit liegt, während in St. Petersburg die Kaufmannschaft einen achtzig Mitglieder starken Ausschuß, die sog. Abgeordnetenversammlung, wählt, aus dem erst wieder das Börsenkomitee, ein kleines Kollegium, hervorgeht, und großer Ausschuß und Komitee sich in die Gesamttätigkeit teilen.

Riga. Der Börsenverein.

Der Rigaer Börsenverein wird gebildet aus Personen, die als Inhaber von Handelsgeschäften I. Kategorie oder von industriellen Unternehmen I., II. und III. Kategorie an der Börse Handel treiben. In seinen Generalversammlungen müssen alle Mitglieder bei Vermeidung einer Geldstrafe anwesend sein. Der Verein kommt am Anfang des Jahres zu zwei ordentlichen Versammlungen zusammen, in denen das Budget bewilligt wird, die Wahlen zum Börsenkomitee vollzogen werden, von letzteren ein Geschäftsbericht und eine Jahresabrechnung erstattet wird. Außerordentliche Versammlungen werden nach Bedürfnis abgehalten; es können zu solchen alle Mitglieder des Börsenvereins, oder auch nur die Angehörigen bestimmter Branchen eingeladen werden. Auf Wunsch von 40 Mitgliedern muß eine allgemeine Versammlung berufen werden.

Der Repräsentant des Börsenvereins ist das Börsenkomitee, bei dem der Schwerpunkt der Organisation liegt. Er besteht aus 15 Mitgliedern und 5 Suppleanten; alljährlich werden drei Mitglieder auf fünf Jahre in geheimer Wahl gewählt. Mindestens ein Mitglied muß Ausländer sein, zwei müssen in Handelsbeziehungen zu den inneren Gouvernements Rußlands stehen. Die Mitglieder sind wiederwählbar, aber nur zur einmaligen Annahme der Wahl verpflichtet. Das Komitee ist im allgemeinen dem Ministerium für Handel und Industrie und in gewisser Beziehung dem Chef des Livländischen Gouvernements unterstellt, verkehrt aber mit den Zentralbehörden unmittelbar. Die Aufgabe des Börsenkomitees ist es, die Behörden mit Gutachten und Vorschlägen zur Förderung des Rigaschen Großhandels zu unterstützen, die Gelder und Anstalten des Börsenvereins zu verwalten, die Ordnung des Hafenverkehrs und des Börsenlebens zu überwachen und vorkommendenfalls als Schiedsrichter zu fungieren, Dispacheure anzustellen usw. Börsenkomitee. Zusammensetzung und Aufgaben.

Das Börsenkomitee wählt alljährlich einen Verwaltungsausschuß, bestehend aus einem Präsidenten, einem Vizepräsidenten und drei Börsenältesten, welcher die Börsenaufsicht und die ökonomische Verwaltung ausübt, die dem Komitee oder dem Börsenverein vorzulegenden Fragen vorbereitet und die Beschlüsse des wöchentlich einmal tagenden Komitees ausführt. Das Börsenkomitee bildet aus seinen Mitgliedern weiter eine Reihe von Delegationen, denen die Verwaltung bestimmter Anstalten und Kassen übertragen wird und denen die in ihr Ressort schlagenden allgemeinen Fragen vor der Beschlußfassung im Plenum zur Prüfung und Berichterstattung überwiesen werden. Beim Rigaer Börsenkomitee bestehen: eine Kanzlei mit einem Kanzleidirektor, Sekretär, Buchhalter, Kassierer und dem erforderlichen Kanzleipersonal, ferner eine Ingenieurabteilung, ein handelsstatistisches Bureau und eine Eisenbahnabteilung zur Auskunfterteilung an die Mitglieder der Kaufmannschaft und zur Bearbeitung der das Eisenbahnwesen betreffenden Fragen. Die Ingenieurabteilung ist insbesondere bestimmt für die Leitung der vom Staate dem Börsenkomitee übertragenen Baggerarbeiten zur Verbesserung des Rigaschen Hafens, zur Verwaltung technischer Anlagen im Hafen (Schwimmdock, Lade- und Schwimmkräne, Eisbrecher usw.), sowie zur Ausführung von Bauten für Handels- und Schiffahrtsbedürfnisse. Von der handelsstatistischen Sektion werden alljährlich herausgegeben zwei statistische Uebersichten über Rigas Handel und Verkehr und ein Jahresbericht über Rigas Handel. Ferner gibt das Börsenkomitee ein täglich erscheinendes Handelsblatt, das „Rigaer Börsenblatt“, und einen Bericht über seine Geschäftstätigkeit heraus. Vom Börsenverein werden endlich noch unterhalten und verwaltet die Börsenbank, eine achtklassige Kommerzschule, eine Seemannsschule für Schiffer weiter Fahrt, Geschäftsführung.

eine Heizer- und Maschinistenschule, sowie ein Asyl für invalide Seeleute unter dem Namen „Seemannshaus Peter des Großen" und, gemeinschaftlich mit der Rigaschen Stadtverwaltung, ein Getreideelevator von 600 000 Pud (Schwergetreide) Fassungsraum.

Kostendeckung. Die Kosten für die Arbeiten und Unternehmungen des Börsenvereins und des Börsenkomitees werden aus den Zinsen und Einnahmen des Vereinsvermögens, den Mitgliedsbeiträgen und aus Ueberweisungen aus dem Reingewinne der Börsenbank gedeckt. Zur Bestreitung der Kosten, welche die vom Komitee besorgten Arbeiten zur Erhaltung und Verbesserung des Rigaer Hafens und der Unterhalt einiger dem Handel und der Schiffahrt dienender Anlagen verursachen, werden dem Börsenverein alljährlich gewisse Summen aus den Handelsabgaben auf legislativem Wege überwiesen, die vom Staate von den den Rigaer Hafen passierenden Waren nach der Gewichtsmenge und nach einer dem Werte der Ware angepaßten Skala erhoben werden.[1])

St. Petersburg. Das St. Petersburger Börsenkomitee ist im Gegensatz zu dem Rigaer kein beschließendes, sondern ein ausführendes und verwaltendes Organ der Kaufmannschaft. Die beschließenden Funktionen werden in St. Petersburg durch eine Körperschaft ausgeübt, die zwischen der Börsenkaufmannschaft und dem Komitee steht, durch die Börsenabgeordnetenversammlung. **Börsenabgeordnete.** Zur Benutzung der St. Petersburger Börse ist jeder Kaufmann berechtigt, welcher unter Beibringung eines Gildescheins sich in das vom Börsenkomitee geführte Register der Börsenbesucher eintragen läßt und einen vorgeschriebenen Beitrag leistet. Aus der Zahl der Börsenbesucher werden durch die Kaufleute erster Gilde 80 Abgeordnete auf drei Jahre gewählt, welche die Wahl annehmen müssen. Alljährlich scheidet der dritte Teil der Versammlung aus. Damit alle Zweige des St. Petersburger Handelslebens in der Abgeordnetenversammlung vertreten sind, ist die Kaufmannschaft in sieben Wahlabteilungen eingeteilt, deren jede eine bestimmte Zahl von Abgeordneten wählt. Die Wahl findet unter Leitung des Vorsitzenden des Börsenkomitees durch Ballotage oder Stimmbriefe statt.

Rechte und Pflichten. Bei dieser Abgeordnetenversammlung liegt der Schwerpunkt der St. Petersburger Handelsvertretung; sie ist deren beschließendes Organ. Ihre Tätigkeit besteht in der Aufstellung von Bestimmungen für den Börsenbesuch, in der Festsetzung der Börsenstunden, der Beitrags- und Strafgelder. Sie beschließt Bittschriften an die Behörden und macht ihnen Vorschläge für die Förderung von Handel und Industrie. Sie hat die Oberverwaltung der der Börsenkaufmannschaft gehörigen Geldmittel und Anstalten. Sie wählt das Börsenkomitee und seinen Vorsitzenden, ernennt Makler,

[1]) Libau besitzt ebenso wie Riga einen Börsenverein und ein Börsenkomitee. Dieses verwaltet eine Kommerzschule, eine Navigationsschule, ein Gildenhaus, einen Speicher, einen Zollagerplatz, drei Schleppdampfer und Eisbrecher, mehrere Grundstücke, ja ein Theater-Gebäude.

öffentliche Notare, Auktionatoren und Dispacheure. Endlich prüft sie die ihr vom Börsenkomitee vorzulegenden Etats und Jahresrechnungen.

Das Börsenkomitee beruft nach Bedürfnis die Abgeordnetenversammlungen unter Angabe der Tagesordnung; auf Wunsch von einem Fünftel der Abgeordneten ist es zur Berufung verpflichtet. Der Präsident des Komitees präsidiert auch der Abgeordnetenversammlung. Zu Ende und bei Beginn des am 1. Mai umsetzenden Börsenjahres müssen je eine Versammlung zur Prüfung des Etats und zur Vornahme der Wahlen und zur Abnahme der Rechnung stattfinden. Die Mitglieder des Komitees nehmen mit gleichem Rechte an den Versammlungen teil. Die Versammlungen sind beschlußfähig bei Anwesenheit eines Drittels, in wichtigen Fragen bei Anwesenheit der Hälfte der Mitglieder; einfache Majorität entscheidet. — Neben den allgemeinen Versammlungen der Abgeordneten finden Versammlungen der Abgeordneten aus bestimmten Branchen statt, in denen die Fragen behandelt werden, die nicht die Allgemeinheit der Kaufmannschaft interessieren. Die Abgeordnetenversammlung ist berechtigt, für besondere Zwecke ständige oder zeitweilig arbeitende Kommissionen einzusetzen, auch Nichtmitglieder zur Arbeit heranzuziehen. Geschäftsführung.

Die Abgeordnetenversammlung hat lediglich eine beratende und beschließende Funktion; die Ausführung aller Beschlüsse steht dem Börsenkomitee zu. Auch darf sie nur die ihr vom Börsenkomitee vorgelegten Fragen behandeln; freilich muß das Komitee auf Antrag von einem Fünftel der Abgeordneten jede Frage zur Erörterung stellen. Börsenkomitee.

Das Börsenkomitee wählt die Abgeordnetenversammlung auf drei Jahre. Es besteht aus einem Vorsitzenden und einigen Börsenältesten. Ein „Hofmakler", ein Vertreter der Regierung, gehört ihm von amtswegen an. Ein Drittel der Mitglieder dürfen Ausländer sein; zwei Mitglieder einer Firma dürfen nicht gleichzeitig im Komitee sein. Die Wahl zum Börsenkomiteemitglied muß angenommen werden. Zusammensetzung und Geschäftsführung.

Das Komitee hält wöchentlich zwei Sitzungen ab. Zur Beschlußfähigkeit ist die Anwesenheit des Präsidenten und zweier Aeltesten notwendig. Das Komitee ernennt und bestellt zur Schriftführung und zur Kassenverwaltung Beamte. Die Mitglieder des Komitees verteilen die Dezernate nach eigenem Ermessen unter sich. Sie sind berechtigt, zur Verrichtung von laufenden Arbeiten die unentgeltliche Hilfe von 5—10 Maklern in Anspruch zu nehmen. Das Komitee ist ferner berechtigt, aus seiner Mitte zeitweilige und ständige Kommissionen zu wählen.

Das Börsenkomitee hat alle Beschlüsse der Börsenabgeordneten vorzubereiten und auszuführen. Ohne seinen Vorschlag ergeht kein Beschluß der Versammlung. Aber außer in den Rechte und Pflichten.

laufenden Geschäften der Verwaltung hat es nicht das Recht, Beschlüsse zu fassen und selbständig zu handeln. Gleichwohl ist seine Tätigkeit sehr umfassend. Ihm obliegt die häusliche Verwaltung der Börse, die Aufrechterhaltung der Ordnung bei den Börsenversammlungen, ferner in Streitfällen zwischen den Börsenbesuchern eine Schiedsrichtertätigkeit. Es sorgt für die Notierung der Kurse der Effekten und Wechsel, für die Notierung der Preise für die an der Börse gehandelten Waren, der Sätze für Versicherungen und Frachten. — Das Börsenkomitee leitet ferner die Wahlen für die Börsenabgeordnetenversammlungen, macht, wie bereits erwähnt, der Versammlung Vorschläge für Eingaben an Behörden, und für sonstige Maßregeln zur Förderung von Handel, Industrie und Schiffahrt und stellt Anträge bei den Staats- und Stadtbehörden auf Grund der Beschlüsse der Abgeordnetenversammlung. Es hat endlich die Aufgabe, auf Verlangen der Behörden Auskünfte und Berichte über die Angelegenheiten von Handel, Industrie und Schiffahrt zu erteilen. Es hat die Berechtigung, notwendige Ausgaben ohne Ermächtigung der Abgeordneten vorzunehmen.

Das übrige Russland.

Ueber die Organisation und Tätigkeit der übrigen russischen Börsenkomitees liegt uns sicheres Material nicht vor. Sie scheinen sich aber von den Komitees von St. Petersburg und Riga nicht wesentlich zu unterscheiden. Während der Unruhen des Jahres 1905 ist das Börsenkomitee von Baku durch seine nachdrückliche Vertretung der gefährdeten Interessenten mehrfach hervorgetreten.

Finnland.

Anders als im eigentlichen Rußland sind die Vertretungen von Handel und Gewerbe in Finland organisiert. Teils als beratende, teils als beschließende Behörde dient dem Großfürsten und Kaiser hier ein Senat, der in ein Justiz- und Oekonomiedepartement zerfällt. Letzteres umschließt acht Fachministerien; eins derselben, die „Handels- und Industrieexpedition", verwaltet Handel, Schiffahrt, Bergwesen und Industrie in ihrem weitesten Umfang.

Handelsvereine.

Die Angehörigen von Handel, Großindustrie und Handwerk sollen in allen Städten Finlands zu drei Fachvereinen, eventuell zu einem Verein, zusammentreten, zur Pflege ihrer gemeinsamen Angelegenheiten. Delegierte führen die Verwaltung der Vereine. Sie sollen für den Unterricht der jugendlichen Arbeiter sorgen, erteilen Gesellen- und Meisterbriefe. Unter Mitwirkung von Arbeitervertretern sollen sie Streitigkeiten zwischen Arbeitgebern und Arbeitern beizulegen suchen. Auf Verlangen von Staatsbehörden sollen sie Gutachten abgeben. — Im Laufe der Zeit sind periodische Zusammenkünfte von Vertretern der Gewerbe- und besonders der Handelsvereine üblich geworden. Auf diesen werden gemeinschaftliche Angelegenheiten beraten und Petitionen an die Regierung beschlossen.

Schweiz.

Die Organisation der kommerziellen und gewerblichen Interessenvertretung in der Schweiz ist vollkommen frei und von keinerlei eidgenössischen und kantonalen Gesetzen geregelt; trotzdem stehen die Interessenvertretungen in enger Verbindung mit den kantonalen, auch mit den eidgenössischen Behörden. Charakteristik der schweizerischen Interessenvertretungen.

Bis zum Jahre 1848 bestand in der Schweiz keine einheitliche Vertretung der wirtschaftlichen Interessen, was in der Selbständigkeit der einzelnen Kantone begründet war.

Die in einigen Kantonen, wie z. B. Zürich und St. Gallen, begründeten kaufmännischen Direktorien, denen sich in Bern der Kommerzienrat anreihte, übten zwar in ihren lokalen Kreisen für gewisse Zweige die Funktionen von Handelsvertretungen aus und organisierten sogar gemeinsam einen regelmäßigen Postdienst. Es gelang ihnen aber nicht, eine einheitliche Organisation in der wirtschaftlichen Interessenvertretung herbeizuführen.

Letzteres ist vielmehr erst geschehen im Verfolg der Umgestaltung der politischen Verhältnisse der Schweiz im Jahre 1848, welche aus dem Staatenbunde der Kantone den Eidgenössischen Bundesstaat hervorgehen ließ, und ebenso im Verfolg der abgeänderten Verfassung der Eidgenossenschaft im Jahre 1874, welche eine Steigerung der Kompetenzen und der Tätigkeit der Bundesbehörden hervorrief.

a) Schweizerischer Handels- und Industrieverein (Union suisse du commerce et de l'industrie).

Im Mai 1869 trat die Handelskommission des Kantons Glarus mit dem Vorschlag hervor, die Kaufleute und Industriellen der ganzen Schweiz sollten einen Verein zur Förderung ihrer gemeinsamen Interessen bilden. Hauptaufgabe des Vereins sollte die Beratung der eidgenössischen Behörden sein. Diese Aufforderung wurde an alle bekannten Handels- und Industrievereine, Handelskammern und in den Kantonen, wo solche nicht vorhanden waren, an die Regierungsbehörden gesandt und veranlaßte einen lebhaften Meinungsaustausch, auf den noch im Jahre 1869 in Bern eine mündliche Besprechung der Angelegenheit folgte. Es wurde beschlossen, eine den ganzen schweizerischen Handels- und Gewerbestand umfassende Institution zu schaffen, um auf die Regelung des Zollwesens, den Abschluß von Handelsverträgen, das Eisenbahnwesen usw. Einfluß zu gewinnen. Auf einer im März 1870 stattfindenden zweiten Delegiertenversammlung erfolgte die definitive Konstituierung des Verbandes unter dem Namen „Schweizerischer Handels- und Industrieverein". Es traten ihm 14 private, 5 amtliche lokale Handelsvertretungen und 2 schweizerische Fachvereine als „Sektionen" bei. Zum geschäftsführenden Vorort des Vereins wurde der Bernische Verein für Der schweizerische Handels- und Industrie-Verein. Entstehung.

Handel und Industrie gewählt; ihm zur Seite stand zur Vorberatung der der Delegiertenversammlung vorzulegenden Fragen ein Ausschuß von sieben Mitgliedern. Die Vorortschaft wechselte in der nächsten Zeit alle zwei Jahre. Als sie 1878 auf die Kaufmännische Gesellschaft Zürich überging, entschloß sich der Verband zur Errichtung eines ständigen Sekretariats. Durch dieses wurde als Gegengewicht gegen den alle zwei Jahre stattfindenden Wechsel des Vororts ein stetiges Element in die Geschäftsführung gebracht. Im Jahre 1881 wurde die Amtszeit des Vororts auf vier Jahre verlängert, die Zahl der Ausschußmitglieder wurde verstärkt. Im folgenden Jahre wurde wieder die Kaufmännische Gesellschaft Zürich Vorort des Schweizerischen Handels- und Industrievereins und ist es bei jeder folgenden Wahl wieder geworden. Nach dem Antritt der Vorortschaft durch Zürich schritt man zu einer weiteren Ausgestaltung des Verbandes und gab ihm die heute noch geltenden Statuten (1882).

Verfassung und Aufgaben.

Nach diesen Statuten bilden die Vertretungen des Schweizerischen Handels- und Industriestandes unter dem Namen „Schweizerischer Handels- und Industrieverein (Union suisse du commerce et de l'industrie)“ einen Verband zur gemeinsamen Vertretung ihrer Interessen und zur Begutachtung aller ihnen von den Bundesbehörden vorgelegten Fragen. Ihm können freiwillige Vereinigungen, wie kantonale Handelskammern und Handelskommissionen, sowie auch Regierungsbehörden beitreten, ohne daß dadurch die Selbständigkeit der ersteren gegenüber Bundes- oder Kantonsbehörden geschmälert wird. Der Austritt steht ihnen jederzeit frei. Sie sind dem Verband gegenüber zur Leistung von Jahresbeiträgen (200 bis 300 Francs im Jahre) und zur Begutachtung aller Fragen, die der Vorort ihnen vorlegt, verpflichtet. Bei allen an die Bundesbehörden abgegebenen Gutachten können sie die Beifügung einer Minoritätsansicht verlangen. Der Verband ist dem Bundesrat gegenüber verpflichtet, Gutachten über alle ihm vorgelegten Fragen abzugeben, eventuell Enqueten zu veranstalten und jährlich einen Bericht über Handel und Industrie der Schweiz abzufassen. Dafür erhält er einen jährlichen fixen Bundesbeitrag. Der Bundesrat kann an den Sitzungen der Schweizerischen Handelskammer und der Delegiertenversammlung, von denen sogleich die Rede sein wird, Abgeordnete mit beratender Stimme teilnehmen lassen.

Organe.

Die Organe des Verbandes sind die Delegiertenversammlung, der Vorort und die Schweizerische Handelskammer.

Die Delegierten der den Verband bildenden Handelsvertretungen und Fachvereine, der sog. Sektionen, treten alljährlich zwecks Entgegennahme des Jahresberichts und der Jahresrechnung zu einer ordentlichen Generalversammlung zusammen. Sie beschließen, eventuell auch auf dem Zirkularwege, über die Aufnahme neuer Sektionen. Bei den Abstimmungen hat jede Sektion eine Stimme. Nach Erfordernis finden außerordentliche Versammlungen statt.

Als „Vorort“ wird alle vier Jahre eine der dem Verein angehörigen Sektionen durch die Delegiertenversammlung zur Präsidialbehörde des Verbandes gewählt. Diese Sektion ernennt von sich aus ein Präsidium, das in den Sitzungen der Delegiertenversammlung präsidiert und in Gemeinschaft mit dem ständigen Sekretariat die Geschäfte führt. Als leitende und ausführende Behörde besorgt der Vorort alle administrativen Angelegenheiten, vermittelt die Beziehungen zwischen den Bundesbehörden und dem Handels- und Industriestand, verarbeitet die von den Sektionen eingehenden Materialien und erstattet über seine Tätigkeit und den Gang des schweizerischen Handels und der schweizerischen Industrie Bericht. Die Unkosten der Geschäftsführung werden durch obligatorische Beiträge der Sektionen und feste jährliche Beiträge der Eidgenossenschaft gedeckt. (Erstere betrugen 1902/03 10400 Francs, der Bundesbeitrag betrug 20000 Francs.)

Die Handelskammer (Chambre suisse de commerce) besteht aus elf von der Delegiertenversammlung und vier vom Vorort auf vier Jahre gewählten Mitgliedern; dazu kommen die Delegierten des Bundesrats, welche jedoch nur beratende Stimme besitzen. Die Sitzungen der Handelskammer werden von demselben Präsidium geleitet, das der Delegiertenversammlung präsidiert und die Geschäfte des Vororts führt. Die Handelskammer steht zwischen der Delegiertenversammlung und dem Vorort und hat die Aufgabe, „vom Standpunkt der allgemeinen schweizerischen Interessen aus mitzuwirken bei der Begutachtung sowohl der dem Verein von den Bundesbehörden überwiesenen als auch der aus dem Schoß des Vereins selbst angeregten Fragen“. Sie ernennt ferner die ständigen Beamten des Vereins unter Berücksichtigung der Vorschläge des Vororts.

Der Schweizerische Handels- und Industrie-Verein hat es, besonders seit seiner Reorganisation im Jahre 1882, verstanden, sich eine bedeutende Rolle im schweizerischen Wirtschaftsleben zu erobern. Im Mittelpunkt seiner Arbeiten haben seit Beginn der achtziger Jahre Fragen des Verkehrs, der Zollangelegenheiten und der Handelsverträge, demnächst des Münz- und Banknotenwesens, sowie des Ausstellungswesens gestanden. Die Bundesbehörden unterbreiten in der Regel nicht nur alle einschlägigen Fragen der Gesetzgebung seiner Begutachtung, sondern auch gewisse Fragen der Verwaltung, wie die der Besetzung auswärtiger Konsulatsposten. Der Verein hat im Laufe der Jahre eine große Zahl mehr oder weniger umfangreicher Publikationen und eine Reihe von fortlaufenden Veröffentlichungen herausgegeben. Der Vorort erstattet alljährlich Bericht

Betätigung.

über die von ihm behandelten Geschäfte. Ferner liegen die Protokolle des Ausschusses (der Schweizerischen Handelskammer) und der Delegiertenversammlungen im Druck vor. Endlich verfaßt der Vorort alljährlich einen „Bericht über Handel und Industrie der Schweiz". Dieser umfaßte beim ersten Erscheinen 1878/79 30 Seiten und stellte in den letzten Jahren je einen Band von 200 bis 300 Seiten dar. In der gegenwärtigen Anordnung bringt er: Statistische Angaben, Wirtschaftliche Zeitfragen, Bericht über Handel und Industrie.

Mitglieder

Dem Schweizerischen Handels- und Industrie-Verein gehörten bei seiner Begründung 14 private und 5 amtliche kantonale und lokale Sektionen an, sowie zwei Fachvereine. Die Zahlen der ersteren sind mit kleinen Schwankungen unverändert geblieben und betrugen am 31. März 1905 15 und 6. Die Zahl der angeschlossenen Fachvereine dagegen stieg von 2 im Jahre 1870 auf 9 im Jahre 1890 und 30 im Jahre 1905. Der Schweizerische Handels- und Industrie-Verein hat belebend auf die Tätigkeit auch der lokalen Interessenvertretungen gewirkt; zwecks ausreichender Vertretung ihrer Interessen sind mehrere kantonale Institutionen neu- oder umgeschaffen worden.

b) Interessenvertretungen in den Kantonen.

Kantonale Handelskammern. Kaufmännische Gesellschaft Zürich.

1. Bei der Begründung des Schweizerischen Handels- und Industrievereins war auch die Kaufmannschaft von Zürich hervorragend beteiligt gewesen. Diese hatte in dem 1855 begründeten Börsenverein eine lose Zusammenfassung. Ursprünglich nur zur Erleichterung und Förderung des Börsengeschäfts errichtet, sah sich dieser durch das dringende Bedürfnis einer Vertretung der zürcherischen Kaufmannschaft gegenüber den Behörden und auswärtigen Korporationen veranlaßt, seine Tätigkeit auszudehnen. Seine Organisation war aber zu lose, seine Finanzen waren zu schwach, als daß er den neuen Aufgaben hätte gerecht werden können. Daher wurde vom Vorstand des Börsenvereins selbst die Gründung einer leistungsfähigeren Korporation betrieben, die im November 1873 als „Kaufmännische Gesellschaft Zürich" zustande kam. Neben ihr bestand der Börsenverein noch einige Jahre fort, bis im Jahre 1878 die Kaufmännische Gesellschaft auch die Funktion des Börsenvereins, die Sorge für den Börsenverkehr, übernahm. Der Zweck der Kaufmännischen Gesellschaft Zürich ist nach ihren zuletzt im Jahre 1900 revidierten Statuten die Förderung der Interessen von Handel und Industrie mittels gemeinsamer Beratungen und durch Vereinigung zu gemeinsamem Handeln. Alle dem Handel und der Industrie nahestehenden Personen, die im Besitz der bürgerlichen Ehrenrechte sind, können Mitglieder werden; der Jahresbeitrag beträgt 20 Francs. Alljährlich findet im April eine ordentliche Generalversammlung

statt, in welcher Jahresbericht und Jahresrechnung, sowie etwaige sonstige Fragen durch den Vorstand vorgelegt werden und die Wahlen für den Vorstand stattfinden. Dieser, seit der neusten Statutenrevision als „Zürcher Handelskammer" bezeichnet, besteht aus 13—17 Personen, von denen jährlich ein Dritteil in geheimer Wahl gewählt wird. Der Vorstand wählt sich einen Präsidenten, einen Vizepräsidenten und einen Quästor, die mit Hilfe eines ständigen Sekretariats die Geschäfte führen. Die Handelskammer vertritt die Gesellschaft gegenüber Behörden, Vereinen usw., insbesondere auch gegenüber dem Schweizerischen Handels- und Industrie-Verein. Sie hat ferner einen jährlichen „Bericht über Handel und Industrie im Kanton Zürich" herauszugeben, der viel Beachtung gefunden hat. Ihr Bureau hat die Befugnis, Ursprungszeugnisse auszustellen, welche im Auslande unbedingt anerkannt werden.

Kantonale Bernische Handels- und Gewerbekammer.

2. Später und in anderen Formen als in Zürich kam auch in Bern wieder eine lokale Interessenvertretung zustande. Die Nachfolger des alten Kommerzienrats waren in der ersten Hälfte der 1860er Jahre verschwunden. Gleichzeitig oder etwas später entstanden aber neue, freie wirtschaftliche Vereinigungen, die in manchen Punkten die alten Institutionen ersetzten. Der Bernische Verein für Handel und Industrie, welcher sich 1860 als kantonaler Verband von acht Handels- und Industrievereinen des deutschen Kantonteils konstituierte, wurde lange von der Direktion des Innern als eine Handelskammer betrachtet und zu Gutachten über alle einschlägigen Fragen herangezogen. Er leistete Besonderes in der Behandlung von Eisenbahn- und Transportfragen, widmete sich auch der Aufgabe einer periodischen Berichterstattung über Handel und Industrie. Neben ihm dienten der Förderung der kantonalen Wirtschaftsinteressen ein kantonaler Gewerbeverband (1882 gegründet) und eine Reihe anderer wirtschaftlicher Vereine. Die hierdurch bedingte Zersplitterung der Kräfte und das Bestreben, auch durch eine rein zentrale Organisation im Schweizerischen Handels- und Industrie-Verein vertreten zu sein, erweckte im Jahre 1893 das Verlangen nach der Errichtung einer kantonalen Industrie- und Handelskammer nach dem Vorbilde anderer Kantone und der meisten benachbarten Länder. Diese kam 1897 zustande und begann mit dem Jahre 1898 ihre Tätigkeit.

Die Kantonale Bernische Handels- und Gewerbekammer ist eine Zusammenfassung der wichtigeren wirtschaftlichen Interessen des Kantons, andererseits aber ein Glied im Staatsorganismus. Sie besteht aus 15 oder mehr Mitgliedern, welche die Regierung auf Grund unverbindlicher Wahlvorschläge der Vereine für eine vierjährige Amtsdauer wählt. Der geschäftsleitende Vorstand besteht aus dem Präsidenten, dem Vizepräsidenten und einem ständigen Sekretär. Erstere werden von der Kammer erwählt; letzterer wird von der Direktion des Innern auf je vier Jahre ernannt und ist verpflichtet, ihr auf Verlangen direkt Auskunft zu erteilen. Die Kammer hat die Aufgabe, die Gesamtinteressen des Handels, des Gewerbes und des landwirtschaftlichen Handelsverkehrs wahrzunehmen, insbesondere die Behörden durch tatsächliche Mitteilungen und Anträge, sowie durch Erstattung von Gutachten zu unterstützen. Sie gibt der Handelswelt periodisch Kenntnis vom allgemeinen Geschäftsgang von Handel und Gewerbe und erteilt Auskünfte über Fragen, welche das Zoll- und Transportwesen usw. betreffen. Eigentliche Verwaltungsbefugnisse und -pflichten besitzt sie nicht.

Andere kantonale Handelskammern.

3. Neben Zürich und Bern besitzen Basel, St. Gallen und Genf bedeutsame Handelsvertretungen mit ständigen Sekretariaten. Die Basler Handelskammer hat die Börse von Basel zu verwalten und hatte im Jahre 1896 einen Ausgabeetat von 37 000 Francs, d. i. 3000 Francs mehr als die Kaufmännische Gesellschaft Zürich aufwandte. Das Kaufmännische Direktorium in St. Gallen besitzt den größten Etat; es verausgabte 1896 106 000 Francs. Die Chambre de commerce zu Genf, ein Ausschuß der Association commerciale et industrielle genevoise, verfügte über 19 400 Francs. Auch der Aargauische und der Solothurnische Handels- und Industrieverein verfügen über ständige Sekretariate. Ende der 1870er Jahre haben die Kantone mit Uhrenfabrikation die offizielle Chambre suisse de l'horlogerie et des industries annexes gebildet, welche ihren Sitz zu La Chaux-de-Fonds hat.

Alle unter 1, 2 und 3 genannten Vertretungen sind Sektionen des Schweizerischen Handels- und Industrievereins.

4. Außerhalb dieser Vereinigung stehen einige Chambres de commerce genannte örtliche Fabrikantenvereinigungen im Gebiete der Uhrenfabrikation, welche ohne irgend welchen behördlichen oder allgemein anerkannten Charakter sind.

c) Schweizerischer Gewerbe-Verein.

Schweizerischer Gewerbe-Verein.

Dem Schweizerischen Handels- und Industrie-Verein in seinen Zielen und seiner Organisation sehr ähnlich ist der Schweizerische Gewerbe-Verein. In ihm laufen alle auf Erhaltung und Förderung des Handwerks gerichteten Bestrebungen zusammen. Schon in den Jahren 1852 bis 1864 hatten sich die Gewerbevereine der Schweiz zusammengeschlossen, doch ohne dauernden Erfolg. 1879 wurde der Schweizerische Gewerbe-Verein nach dem Muster des Handels- und Industrie-Vereins gegründet. Ein auf drei Jahre gewählter Vorort ernennt einen leitenden Ausschuß von vier Mitgliedern. In einen, der Schweizerischen Handelskammer entsprechenden Zentralvorstand wählt der Verein acht, der Vorort drei Mitglieder. Seit 1886 erhält der Verein die gleiche Bundessubvention wie der Handels- und Industrie-Verein und wird dadurch zu einer größeren Betätigung befähigt. Ein ständiges Sekretariat steht dem leitenden Ausschuß und dem Zentralvorstande zur Seite. Der Verein dient den Behörden durch Erteilung von Gutachten und Einbringung von Anträgen und Vorschlägen aus eigener Initiative. Andererseits bemüht er sich, in den lokalen Gewerbevereinen frischeres Leben zu wecken, indem er Vorträge, Ausstellungen usw. anregt und fördert.

Niederlande.

Geschichte der Handelskammern.

Die Handelskammern der Niederlande verdanken ihre Entstehung, wie die vieler anderer Länder, dem Vorbilde Frankreichs. Während der französischen Zeit und während der Restauration des Jahres 1815 wurden sie gegründet und erhielten ihre bis 1851 geltende Verfassung. Die Mitglieder wurden vom Könige ernannt, die Befugnisse der Kammern waren rein konsultativer Art, ihre Bedeutung war fast ausschließlich lokal. Im Gefolge der Aenderung der Staatsverfassung von 1848, welche für die Parlamente in Staat, Provinz und Gemeinde, für die Generalstaaten, die Provinzialstaaten und die Gemeinderäte, direkte, wenn auch durch einen ziemlich hohen Zensus beschränkte Wahlen einführte, wurde durch Königlichen Beschluß vom 9. November 1851 auch für die Handelskammer die Wahl der Mitglieder durch Angehörige des Handels- und Gewerbestandes bestimmt; das geringe Maß der Befugnisse und der lokale Charakter der Kammern blieb unverändert. Erst im Jahre 1896 wurde durch Königlichen Beschluß vom 4. Mai den Kammern der unmittelbare Verkehr mit den Zentralbehörden gestattet; bis dahin hatten die Kammern außer in dringenden Fällen nur durch Vermittlung des Provinzial-Kommissars, des obersten Staatsbeamten der Provinz, mit dem Ministerium korrespondieren können. Gleichzeitig wurde der Kreis der wahlberechtigten und wählbaren Personen erweitert.

Ihre Zusammensetzung und Aufgaben.

Die niederländischen Handelskammern, deren Zahl zurzeit 78 beträgt, werden durch Königliche Verordnung in jeder Gemeinde errichtet, deren Gemeinderat dies für wünschenswert erachtet. Es können auch für mehrere Gemeinden auf ihren Antrag gemeinsame Kammern errichtet werden. Die Zahl der Mitglieder wird von der Regierung festgesetzt. Die Bestimmung der Kammer ist es, an die Staats-, Provinzial- und Gemeindeverwaltungen des Bezirks, für den sie errichtet sind, auf Verlangen und nach eignem Ermessen Gutachten, Berichte und Vorschläge abzugeben zur Förderung der Interessen von Handel und Industrie. Zweitens haben sie die Aufgabe, den Interessenten des Handels- und Gewerbestandes Mitteilungen zukommen zu lassen, die sie selbst für förderlich halten (z. B. über Zollverhältnisse des In- und Auslandes, über Erfindungen oder Absatzgelegenheiten usw.), oder deren Uebermittlung eine Behörde ihnen aufträgt (ministerielle Erlasse und dergl.). Seit der Einführung der Wertzölle sind die Kammern ferner in mehreren staatlichen ständigen Kommissionen vertreten.

Wahlberechtigung und Wählbarkeit zur Handels- und Industriekammer sind abhängig von der Wahlbefähigung zum Gemeinderat und dem Nachweis einer mindestens einjährigen Tätigkeit als Geschäftsinhaber oder Vorsteher eines Handels- oder Industriebetriebs im Kammerbezirk. Der Bürgermeister und die Stadträte der Gemeinde, für die eine Kammer errichtet ist, stellen die Wählerlisten auf und der Bürgermeister ist Vorsteher des Wahlbureaus. Beschwerden gehen an den Gemeinderat. Alle zwei Jahre wird die Hälfte der Mitglieder auf vier Jahre gewählt. Alljährlich werden ein Präsident und ein Vizepräsident, an einigen Kammern auch ein Schatzmeister, gewählt; ein ständiger Sekretär, der nicht Kammermitglied sein resp. bleiben darf, wird alle vier Jahre gewählt. Von allen Wahlen, Legitimationsprüfungen usw. ist Bürgermeister und Stadträten Mitteilung zu machen.

Kostendeckung.

Die Kosten der Geschäftsführung trägt die Gemeinde, die alljährlich hierfür in ihren Etat einen Betrag einstellt. Die Kammer muß dem Gemeinderat über die Verwendung des Geldes Rechnung legen. Wenn die Kammer für mehrere Gemeinden errichtet ist, teilen sich diese in die Unterhaltungspflicht. Berichte und Rechnungslegung haben dann an die Gemeinderäte aller beteiligten Gemeinden zu erfolgen.

Geschäftsführung.

Für die Regelung der Geschäftsführung erlassen die Kammern Dienstvorschriften. Diese, sowie ihre Abänderungen unterliegen der Genehmigung des Gemeinderats des Kammerbezirks. Umfaßt der Kammerbezirk mehrere Gemeinden, muß die Dienstvorschrift vom Provinzial-Verwaltungsausschuß, den Deputiertenstaaten, genehmigt werden. Vom Gemeinderat können die Kammern an die Deputiertenstaaten, von diesen an die Regierung appellieren.

Die Plenarsitzungen der Handelskammern finden an den bedeutenderen Plätzen in der Regel monatlich einmal statt und sind öffentlich. Die Beschlußfähigkeit ist von den Kammern sehr verschieden festgesetzt. Ueber die Verhandlungs- und Abstimmungsformen geben die Dienstvorschriften detaillierte Bestimmungen.

Das Bureau der Kammer wird vom Präsidenten und Sekretär, in Amsterdam vom Präsidenten, Vizepräsidenten, Schatzmeister und Sekretär gebildet. Es leitet die ganze Geschäftsführung, bei einzelnen Kammern auch die Kassenführung. Ehe der Präsident die Eingänge dem Plenum zur weiteren Behandlung vorlegt, schreibt er sie den Vorsitzenden der ständigen Kommissionen zu, welche die Kammern zur Vorberatung verschiedener Angelegenheiten alljährlich auswählen. (Amsterdam besitzt sieben Kommissionen, 1. für den Jahresbericht, 2. für Sachen der Hafeneinrichtungen usw., 3. für finanzielle und Steuerangelegenheiten, 4. für Industriefragen, 5. für Konsulatssachen, 6. für das Post- und Telegraphenwesen und 7. für das Mäklerwesen. Haarlem besaß 1904 drei Kommissionen für Verkehrs- und Transportwesen, für Marktwesen und Ladengeschäft und für Industrie und Auslandshandel.) Die Kommissionen erstatten Berichte an die Kammer und legen ihre Entwürfe von Antwortschreiben usw. vor. Die Anschauungen der Minderheit müssen auf Verlangen in die Berichte an die Kammer aufgenommen werden.

Betätigung.

Der Zusammenhang mit kommunalen Interessen und Verhältnissen hat einer Ausdehnung der Tätigkeit der niederländischen Handelskammern über die einzelnen Bezirke hinaus im Wege gestanden. Sie werden von den Gemeinden unterhalten, vielfach mit recht knappen Mitteln. Als Vertreter von Handel und Industrie gegenüber den Gemeindeverwaltungen erfüllen die Kammern wohl ihren Zweck. Wenig Einfluß üben sie aber auf die Provinzialverwaltungen aus, denen in Erinnerung an die einstige bundesstaatliche Verfassung der vereinigten Niederlande noch in der Zeit 1815—1848 die ausschließliche Sorge für Handel und Industrie übertragen war. Diese nehmen wenig Rücksicht auf die Kammern für Handel und Industrie, welche in ausschließlicher Berücksichtigung lokaler Bedürfnisse vielfach widersprechende Wünsche äußern, und befragen sie wenig um Rat. Auch der Staat macht nur von der Hilfe der größten Kammern häufig Gebrauch. Durch Königliche Beschlüsse vom 27. April 1891 und 12. Okt. 1892 wurde eine besondere handelspolitische Kommission gebildet zur Begutachtung von Handelsverträgen und Gesetzen, die Handel, Industrie und Landwirtschaft betreffen. Es wird darüber geklagt, daß die Kammern auf die Gesetzgebung sehr wenig Einfluß haben, und daß zum Teil aus diesem Grunde das Konsulats- und Telephonwesen, das Handelsrecht und die Schiffahrtsgesetzgebung in den Niederlanden nicht auf der Höhe der Zeit ständen.

Reformpläne.

Man hat daher vorgeschlagen, neben den die kommunalen Interessen von Handel und Gewerbe recht gut vertretenden Kammern Distriktskammern zu schaffen und diese in einer Zentralstelle zusammenzufassen. Die Distriktskammern und ihre Zentrale sollen eine wirksame Unterstützung der Landes- und Provinzialbehörden bilden. Den städtischen Kammern solle auch die Verwaltung des Handels- und Gewerbewesens übertragen werden, die Aufsicht über Märkte, Börsen, die Ernennung von Maklern, Sachverständigen, die Ausstellung von Ursprungszeugnissen, die Festsetzung von Handelsgebräuchen. Allen Kammern müsse das Recht eigenen Vermögensbesitzes und eigener Einnahmen gewährt werden, damit sie selbständig Anstalten gründen und verwalten könnten, die dem Handel und der Industrie dienen, wie Schulen, Gewerbemuseen, Ausstellungen usw.

Schweden.

Nämnd und Handelskammer.

Die Interessen von Handel, Gewerbe und Schiffahrt werden in den größeren Städten Schwedens von einer kommunalen Kommission für Handel und Schiffahrt, der sogenannten „Handels- und Schiffahrtsnämnd", vertreten, welcher alle amtlichen Befugnisse zufallen, die anderswo den Handelskammern übertragen sind. Daneben bestehen in mehreren Städten freiwillige Handelsvertretungen, meist Kaufmannsvereinigungen genannt, welche aus ihrer Mitte in einigen Städten „Handelskammern" wählen. Bei diesen Vereinigungen ruht der Schwerpunkt der kaufmännischen Interessenvertretung Schwedens. Es gibt in Schweden 32 Nämnden und 17 Kaufmannsvereinigungen, von denen die zu Gothenburg, Malmö, Boras und Lulea Handelskammern nach dem Muster der Stockholmer gebildet haben.

Die Nämnd von Stockholm.

Die Handels- und Schiffahrtsnämnd von Stockholm besteht seit dem Jahre 1867 und erhielt durch die erneute königliche Instruktion vom 8. Febr. 1901 ihre heutige Verfassung. Sie besteht aus zwölf von den Stadtbevollmächtigten (dem Gemeindeparlament) ausgewählten Mitgliedern. Sie wählt sich alljährlich ihren Präsidenten, der nach eigenem Ermessen oder auf Antrag von zwei Mitgliedern Sitzungen beruft; diese sind in der Regel beschlußfähig, sobald die Hälfte der Mitglieder anwesend ist. Die Geschäftsführung obliegt dem Vorsitzenden; ihm steht ein Sekretär zur Seite. Die zur Besoldung der Beamten und sonstwie notwendigen Geldmittel werden durch die Stadt Stockholm bereitgestellt.

Aufgaben.

Die Handels- und Schiffahrtsnämnd zu Stockholm hat Makler, Notare und Schiffsklarierer anzustellen, bei der Ernennung von Dispacheuren und Hafenkapitänen in Stockholm durch Gutachten mitzuwirken und den Behörden Auskünfte in Fragen betreffend Handel, Schiffahrt und Gewerbe ebenso wie über Handelsgebräuche zu erstatten. Sie hat über die Ordnung auf der Stockholmer Börse zu wachen und die Zeit und den Ort der Börsenversammlungen und der öffentlichen Auktionen zu bestimmen. Darüber hinaus ist die Nämnd ferner berechtigt, den Staats- und Kommunalbehörden Vorschläge und Darstellungen zu machen zur Verbesserung der Häfen und Schiffahrtswege, der Handelsbesteuerung und der Ordnung auf den Verkehrswegen und ist überhaupt angewiesen, ihre Aufmerksamkeit auf die Mittel zu richten, durch welche Handel, Industrie und Schiffahrt gefördert werden können.

Ausschüsse.

Zur Beaufsichtigung der Tätigkeit der Makler erwählt die

Nämnd jährlich ein Komitee von sechs Personen, von denen drei Nämndmitglieder sein müssen. Zur Ausübung der Aufsicht über die Ordnung im sonstigen Börsenverkehr bestellt die Nämnd ebenfalls ein besonderes Komitee, das aus drei ihrer Mitglieder besteht. Einige Mitglieder der Nämnd fungieren als Delegierte für das Hafenwesen und sind in eiligen Fällen befugt, für das Kollegium selbständige Anordnungen zu treffen.

In Stockholm und anderswo haben Handel, Industrie und Schiffahrt diese Tätigkeit der Handels- und Schiffahrtsnämnd als ungenügend zur Vertretung ihrer Interessen empfunden und durch freie Vereinigungen neue Organe zur wirtschaftlichen Interessenvertretung geschaffen. In neuerer Zeit haben diese freien Vereinigungen vielfach festere Organisationen erhalten und Handelskammern gebildet.

Stockholmer Kaufmannsvereinigung.

Die Stockholmer Kaufmannsvereinigung ist im Jahre 1858 zur Förderung der allgemeinen Interessen von Handel, Gewerbe und Schiffahrt und zur Unterstützung der Behörden in der Wahrnehmung dieser Interessen gegründet worden. Ihr können Großkaufleute und Großgewerbetreibende beitreten, deren Firma einen jährlichen Beitrag von 100 Kronen bezahlt. Die Mitglieder verpflichten sich, bestimmte Handelsgebräuche einzuhalten, insbesondere bestimmte Zahlungs- und Kreditbedingungen zu befolgen. Werden von einem Mitgliede ehrlose Handlungen bekannt, so wird sein Verhalten von einer besonderen Jury geprüft; nötigenfalls erfolgt sein Ausschluß aus der Vereinigung durch die Generalversammlung.

Ausschuss.

Alljährlich findet eine ordentliche Generalversammlung statt. Auf dieser wird zur Leitung der Angelegenheiten der Vereinigung für das folgende Jahr ein Ausschuß von sechs Mitgliedern eingesetzt, die aus ihrer Mitte einen Präsidenten wählen. Dieser Ausschuß hat über die Zwecke der Vereinigung und über die Ausführung ihrer Beschlüsse zu wachen. Er beruft nach eigenem Ermessen oder auf Wunsch von mindestens zehn Mitgliedern die Generalversammlung zur Mitteilung von wichtigen Dingen oder zur Fassung von Beschlüssen. Er ernennt Personen in den Landorten, die dort die Interessen der Vereinigung vertreten. Er legt Rechnung über die Mittel der Vereinigung. Er überwacht das Zentralbureau der Vereinigung mit seinen Beamten, das die Aufgabe hat, den Mitgliedern auf Wunsch Auskünfte in Handels- und Verkehrangelegenheiten zu erteilen und aus eigener Initiative Mitteilungen zu machen. Er bestellt einen juristischen Vertreter, welcher bei Konkursen im Namen des Vereins die Sachlage prüft, den Verein vor Gericht vertritt, auch zu bestimmten Zeiten den Mitgliedern der Vereinigung Rechtsauskünfte erteilt.

Handelskammer.

Die Kaufmannsvereinigung wählt alljährlich vierzehn Bevollmächtigte, welche mit den sechs Mitgliedern des Ausschusses zusammen die Stockholmer Handelskammer bilden. Jährlich wird die Hälfte der Mitglieder auf zwei Jahre gewählt, und zwar so, daß die Hauptgeschäftszweige ihrer Bedeutung entsprechend in der Kammer vertreten sind. Die Handelskammer erwählt einen Präsidenten und einen Vizepräsidenten. Bei Anwesenheit von 11 Mitgliedern ist sie beschlußfähig. Sie hat etwa monatlich Plenarsitzungen; außerdem findet eine große Zahl von Kommissionssitzungen statt. Die Kammer stellt für die Geschäftsführung einen Sekretär mit dem nötigen Personal an. Die Aufgabe der Kammer ist es, den Behörden Vorschläge zur Förderung von Handel, Industrie und Schiffahrt des Landes und der Hauptstadt zu machen. Sie ist besonders tätig auf den Gebieten der Handelsgesetzgebung, des Zollwesens, der Verkehrseinrichtungen und des Handelsschulwesens. Ferner sammelt und veröffentlicht sie die Daten für die Handels- und Gewerbestatistik Stockholms. Fragen von besonderem Gewichte entscheidet die Kammer nicht selbst, sondern überläßt sie der Beschlußfassung der Stockholmer Kaufmannsvereinigung, doch ruht für gewöhnlich der Schwerpunkt der Vereinstätigkeit bei der Handelskammer.

Sonstige Handelskammern Schwedens.

Die Handelskammer Stockholm ist erst mit dem Jahre 1902 in Wirksamkeit getreten, die Kammern zu Gothenburg, Malmö, Boras und Lulea sind nach ihr errichtet. In Orebro und Norrköping, ebenso wie in den Provinzen Smaland und Gefleborg ist man jetzt dabei, die Gründung von Handelskammern vorzubereiten.

Durch die Königl. Verordnung über die erweiterte Gewerbefreiheit vom 18. Juni 1864 ist den Gewerbetreibenden die Bildung von Vereinen zur Wahrung ihrer Angelegenheiten gestattet. Ein derartiger Verein kann sein Reglement behördlicherseits bestätigen lassen, ist jedoch hierzu nicht verpflichtet. Die Interessenten sind übereinstimmend der Meinung, daß eine eventuelle Staatsunterstützung unter keinen Umständen mit der Aufgabe der vollen Unabhängigkeit der Kammern erkauft werden dürfe. Auf einer am 1. Febr. 1906 in Stockholm abgehaltenen Konferenz der bestehenden und im Stadium der Vorbereitung befindlichen Handelskammern wurde dieser Standpunkt klargestellt. Gleichzeitig wurde ziemlich übereinstimmend ausgesprochen, daß die Handelskammern den Verhältnissen jedes Ortes anzupassen wären und auf eine gleichmäßige Organisation verzichtet werden müßte. Für die Behandlung von Fragen mehr allgemeiner Bedeutung wurde der Zusammenschluß der schwedischen Kammern zu einem Verbande mit einem ständigen Zentralbureau in Stockholm angeregt. Zur Prüfung des Vorschlags wurde von der Konferenz eine Kommission eingesetzt, über deren Arbeitsergebnisse noch keine Mitteilungen vorzuliegen scheinen.

Dänemark.

Wie der Detailhandel in den Städten Dänemarks von alters her zunftmäßig organisiert war, so wurden durch Verordnung vom 4. August 1742 auch die Großkaufleute Kopenhagens, welche Besitzer von Schiffen oder doch von Schiffsanteilen waren, zwangsweise in einer Sozietät innungsmäßig organisiert. Sie wählten unter sich selbst einen Vorsitzenden und zwei Aelteste als Vorstand der Sozietät. Dieser Vorstand hatte in erster Linie die Versammlungen der Sozietät zu berufen und zu leiten. Die Sozietät hatte die Aufgabe und Befugnis, die allgemeinen Interessen des Handels zu vertreten. Die Regierung bediente sich ihrer, um sich über verschiedene Handels- und Schiffahrtsfragen zu orientieren, z. B. ganz besonders darüber, welche Personen sich an fremden Plätzen dafür eigneten, als Konsuln Dänemarks Handelsinteressen zu vertreten. Die Bedeutung der Sozietät stieg bald; die liberale Zollgesetzgebung vom Jahre 1797 war mit ihr Werk. In den Jahren 1808 und 1811 ging auch die Aufsicht über die Kopenhagener Börse auf sie über. **Grosserer-Sozietät.**

An die Stelle des Vorsitzenden und der beiden Aeltesten trat im Jahre 1817 als Vorstand ein Komitee, welches seit 1842 von der Grosserer-Sozietät frei gewählt wird. Das Komitee übte seitdem alle Rechte aus, welche früher nur der Sozietät zustanden. Jeder Kopenhagener Kaufmann, der die Gerechtsame als Grossist besitzt, ist zum Eintritt in die Sozietät verpflichtet und muß einen Jahresbeitrag bezahlen, dessen Höhe das Grosserer-Komitee bestimmt. Der Sozietät gehören zurzeit 2700 Mitglieder an. Das Komitee besteht jetzt aus 13 Mitgliedern und wählt sich einen Präsidenten; alljährlich scheiden zwei Mitglieder aus; im März jeden Jahres findet eine Wahlversammlung statt, in der die Ersatzwahlen vorgenommen werden. Durch Gesetz vom 29. Dez. 1857 wurde die bis dahin auf Verordnungen beruhende Verfassung der Sozietät und ihrer Komitees anerkannt und geregelt. **Komitee.**

Das Grosserer-Sozietäts-Komitee hat neben der allgemeinen Vertretung der Handels- und Schiffahrtsinteressen die Aufgabe, die Verwaltungs- und Gerichtsbehörden, sowie auch in Prozeßsachen Privatpersonen Gutachten und Erklärungen, insbesondere über Handelsgebräuche, abzugeben. Das Komitee verwaltet die Börse, deren Gebäude die Sozietät 1857 vom Staate gekauft hat, selbständig und hält das gesetzlich vorgeschriebene Maklerexamen ab. Es wählt zusammen mit Vertretern der städtischen Behörden und mit dem Komitee der Schifferinnung die Handelsrichter. — **Aufgaben und Befugnisse.**

In nahezu allen dänischen Städten bestehen freie Vereinigungen. welche sich zu vier Verbänden zusammengeschlossen haben. Diese Verbände (für Jütland, Fünen, Laaland-Falster und Seeland) haben sich mit dem Grosserer-Sozietäts-Komitee zu Kopenhagen **Andere Vereinigungen.**

zu einer Art von Handelstag vereinigt, welcher von Zeit zu Zeit zur Besprechung von Fragen des allgemein dänischen Handelsinteresses zusammentritt. Sein ständiger Ausschuß, dem der Vorsitzende des Grosserer-Sozietäts-Komitees präsidiert, macht von Zeit zu Zeit Eingaben an die Regierung, wird auch bisweilen von der Regierung um Erklärungen gebeten. Eine Verpflichtung für die dänische Regierung, sich mit den Handelsvertretungen in Verbindung zu setzen, besteht nicht.

Spanien.

Aeltere Institutionen.

Im 9. Jahrhundert wurde in Barzelona ein Consulado del Mar für die Förderung des Seehandels gegründet. Seine Publikationen gehören zu den ältesten Quellen für das Versicherungswesen. Seit dem 13. Jahrhundert bildeten sich an einzelnen Orten Spaniens zum Schutz der Rechte des Handels und zur allgemeinen Förderung von Handel und Gewerbe die Casas de contratación y los Consulados, auch kurz Consulados genannt. Die Mitglieder und der Vorsitzende dieser Behörden wurden von den Kaufleuten gewählt; zur Führung der Geschäfte ernannten die Kollegien Sekretäre und juristische Berater. Die Consulados hatten richterliche und Verwaltungsfunktionen. Sie entschieden über Handelsstreitigkeiten, Havarien usw., z. T. bis zum Jahre 1868. Länger noch behielten sie ihre Verwaltungsbefugnisse; sie übten die Hafen- und Flußpolizei aus, führten Schiffsregister, prüften Lotsen, bauten Wege, gründeten Handels- und Gewerbeschulen und erstatteten den Behörden Gutachten und Ratschläge zur Förderung von Handel, Industrie und Schiffahrt. Im Mittelalter und auch noch in der neueren Zeit leisteten manche Consulados, besonders die von Burgos, San Sebastian, Sevilla und Bilbao, recht Erhebliches. Die Consulados von Bilbao verfaßten die Ordenanzas de Bilbao, eins der ältesten Handelsgesetzbücher, das sowohl der napoleonischen wie der amerikanischen Gesetzgebung zum Vorbild gedient hat.

Handelskammern.

In den Kriegen, die zu Beginn des 19. Jahrhunderts in Spanien und seinen Kolonien wüteten, ging die Tätigkeit der Consulados zurück. Der Staat suchte durch Schaffung verschiedenartiger Behörden Handel und Industrie zu fördern. Aber weder die damals gegründeten Handelskammern noch der sie 1874 ablösende Oberste Rat für Ackerbau, Industrie und Handel mit seinen Provinzialkammern und Sektionen stellten wirtschaftliche Selbstverwaltungen oder Interessenvertretungen dar. Ein Regierungsdekret vom 2. April 1886 suchte in Anlehnung an die alten, zum Teil noch bestehenden Consulados wieder Vertretungen von Handel und Industrie zu schaffen. Die nun eingerichteten Handelskammern waren als freie Korporationen auf Mitgliederbeiträge und Legate angewiesen und, da das Interesse der Handel- und Gewerbetreibenden für die Handelskammern sehr gering war, finanziell sehr schlecht gestellt. Ihre Befugnisse, ihre Tätigkeit und Erfolge waren wenig bedeutend.

Reorganisation.

Im Jahre 1898 (nach Beendigung des Krieges mit den Vereinigten Staaten von Amerika) wurde auf einer Tagung der Handelskammern in Zaragossa eine gesetzliche Neuregelung des Handelskammerwesens vorgeschlagen und beraten. Im wesentlichen nach dem Programm von Zaragossa wurde durch die Königlichen Dekrete vom 21. Juni und 13. Dezember 1901 die gesetzliche Neuregelung der Handelskammern vollzogen, unter Vermehrung der Befugnisse und finanzieller Besserstellung der Kammern und unter Wahrung ihres Charakters als freier Korporationen.

Errichtung der Handelskammern.

Nach der spanischen Verfassung steht es den Handel- und Gewerbetreibenden frei, beliebig Vereine zur Wahrung ihrer Interessen zu gründen. Ein amtlicher Charakter und die Ausübung öffentlich-rechtlicher Funktionen steht den Vereinen jedoch nur zu, wenn sie sich die im folgenden beschriebene Verfassung geben. Die Regierung bestätigt alsdann die Handelskammern als solche auf ihren Antrag und weist ihnen ihre Bezirke an.

Rechte und Pflichten.

Die Handelskammern müssen unbedingt zu Rate gezogen werden bei Projekten von Handels- und Schiffahrtsverträgen, bei Veränderungen von Zollverordnungen, Transporttarifen und allen Abgaben, welche Handel, Industrie und Schiffahrt betreffen, sowie bei der Errichtung von Monopolen. Bei der Frage nach der Geltung eines Handelsbrauchs steht ihnen die Feststellung zu. Sie müssen weiter befragt werden vor der Bildung neuer Handelskammern, vor der Gründung neuer Börsen, vor der Ernennung von Börsen- und Wechselagenten und Maklern, vor der Errichtung von Filialen der Staatsbank, von Lagerhäusern und Auktionshallen, bei der Feststellung von Transporttarifen und Tarifen für Gefängnisarbeit, bei der Vornahme von öffentlichen Arbeiten, welche Handel, Industrie oder Schiffahrt angehen, endlich bei jeder Reform des Handelsgesetzbuchs.

Ferner dürfen die spanischen Handelskammern jederzeit auch ohne Erfordern der Regierung den Erlaß neuer Gesetze, Gesetzesänderungen, die Vornahme öffentlicher Arbeiten, die Veranstaltung von Ausstellungen und die Gründung nationaler Exportmuseen und anderer dem Handel dienenden Anstalten vorschlagen. Sie haben die Aufgabe, die Handels- und Gewerbetreibenden zur Anrufung von Schiedsgerichten in Streitfällen zu veranlassen, bei Konflikten zwischen Arbeitgebern und Arbeitern vermittelnd einzuschreiten, den Gerichten Listen von Personen, die zu Sachverständigen geeignet sind, zu liefern, und später, sobald dafür die notwendigen gesetzlichen Bestimmungen getroffen sind, Handelsregister zu führen, Ursprungszeugnisse auszustellen, bei der Legalisierung der Bücher mitzuwirken. Sie haben die Pflicht, Aufseher zur Ausübung der Polizei über die kaufmännischen und industriellen Betriebe zu ernennen, um dadurch das reelle Geschäft gegenüber dem unreellen zu schützen, sie haben Vergehen gegen das Interesse von Handel und Gewerbe bei den Gerichten zur Anzeige zu bringen.

Auf Ersuchen sollen die Kammern endlich stets von der Regierung ermächtigt werden, Anstalten zur Förderung des Handels zu gründen und zu unterhalten, wie Lagerhäuser, öffentliche Auktionshallen, Versuchsanstalten für Waffen, Handelsmuseen, Ausstellungen oder Bureaus für den Exporthandel. Sie können auch die Verwaltung solcher Anstalten übertragen erhalten, welche vom Staat, von der Provinz, von einer Kommune oder von Privatpersonen gegründet wurden, ebenso die Verwaltung von Fonds- und Warenbörsen.

Zur Ausübung aller dieser zahlreichen Befugnisse können die Kammern Beamte ernennen, Grundbesitz erwerben und Anleihen aufnehmen. Sie haben das Recht, mit den Ministern direkt zu verkehren und werden vom Staate finanziell unterstützt. Die Mitgliederbeiträge (in Madrid 30 Peseta im Jahr) bestimmen sie ebenso frei wie ihre Geschäftsordnung. Sie sind berechtigt, zur Ausführung größerer Arbeiten mit anderen Kammern in Verbindung zu treten, auch gemeinsame Anleihen zu kontrahieren. Zur Beratung allgemeiner Fragen können sie Handelskammerkongresse veranstalten. Der Minister für Ackerbau, Handel, Industrie und öffentliche Arbeiten erhält von ihnen jährlich Berichte über ihre Tätigkeit, zugleich Etats und Rechnungen. Sie sind ferner verpflichtet, über ihre Tätigkeit den Mitgliedern alljährlich einen Bericht zuzustellen.

Organisation.

Mitglied einer spanischen Handelskammer kann jeder Spanier werden, der seit zwei Jahren direkte Staatssteuern zahlt, sich verpflichtet, die statutenmäßigen Beiträge zu entrichten, und seit ein bis zwei Jahren im Kammerbezirk selbständig oder als Vertreter einer Handelsgesellschaft Handel, Industrie oder Schiffahrt treibt, oder aber als Lotse, Handelslehrer, kaufmännischer Sachverständiger, Industrieingenieur, Hafenkapitän, Agent oder Makler usw. tätig ist. Ausländer können sich zum Eintritt in die Kammer melden, wenn sie seit zehn Jahren in Spanien ansässig sind und Steuern bezahlt haben; doch darf höchstens ein Zehntel der Mitglieder Ausländer sein. Die Aufnahme neuer Mitglieder in die Kammer wird auf Antrag vom Vorstand beschlossen. Die Mitglieder haben das Recht, in den Generalversammlungen Anträge zu stellen, die Publikationen des Vorstandes zu beziehen und über Handelsgebräuche fremder Plätze, Handelsgesetze und Tarife vom Sekretariat Auskünfte zu erhalten.

Generalversammlung.

Jährlich im Januar findet eine Generalversammlung zur

Besprechung des Arbeitsberichtes über das Vorjahr und zur Prüfung von Etats und Jahresrechnungen statt. Außerordentliche Generalversammlungen werden nach Bedarf abgehalten; alle wichtigeren Gutachten für die Regierung und alle wichtigen Unternehmungen der Kammer müssen vom Vorstand, von den Abteilungen und Komitees vorbereitet, aber von der Generalversammlung der Kammermitglieder beschlossen werden.

Zur Vorbereitung und Bearbeitung aller die Generalversammlung beschäftigenden Fragen, zur Ausführung der Beschlüsse der Generalversammlung, zur selbständigen Beschlußfassung über die nicht überaus wichtigen Fragen und zur Erledigung der laufenden Verwaltungsaufgaben erwählt jede Kammer einen Vorstand. Dieser besteht aus einem Präsidenten, ein oder zwei Vizepräsidenten, einem Schatzmeister, einem Rechnungsführer, einem Archivar-Bibliothekar, einem Generalsekretär und sechs Beisitzern. Die Vorstandsmitglieder sind unbesoldet; alljährlich wird ein Drittel von ihnen neu gewählt. Der Präsident leitet im Vorstand, wie in der Generalversammlung die Verhandlungen, unterzeichnet die Korrespondenz, weist die Gelder an und verfügt über die Beamten. Vorstand.

Bei jeder Kammer bilden die Angehörigen von Handel, Industrie und Schiffahrt drei verschiedene Abteilungen. Alle in das Interessengebiet einer Abteilung fallende Angelegenheiten werden vor der Beschlußfassung der Generalversammlung der Handelskammer von dem leitenden Ausschuß der Abteilung, eventuell unter Hinzuziehung anderer Mitglieder der Kammerabteilung, beraten. Abteilungen.

Die Durchberatung und Vorbereitung der Fragen, welche in das Interessengebiet mehrerer der drei Abteilungen fallen, erfolgt in der Regel in einem der ständigen Komitees. Diese bestehen aus je einem Vorstandsmitglied als Vorsitzenden und drei Vertretern der drei Abteilungen. An solchen Komitees wurden in Madrid im Jahre 1901 neun errichtet, das Schiedsgerichtskomitee, das Komitee für das Verkehrswesen, das Komitee für den Export und das Handelsmuseum, das Unterrichtskomitee, das Komitee für Handelsverträge, das Komitee für Genossenschaftsangelegenheiten, das Komitee für kaufmännische Organisation und das kaufmännische Aufsichts- und Auskunftskomitee. Bei den meisten der Komitees ist der Aufgabenkreis weiter, als es nach ihren Bezeichnungen erscheint. Ständige Komitees.

Portugal.

Portugal besaß seit 1894 in Lissabon einige Jahre lang eine Handels- und Gewerbekammer. Schon lange vorher aber hatten freiwillige Vertretungen der Handelsinteressen bestanden, die Allgemeines.

Associaçao Commercial von Lissabon und von Porto, deren erstere im Jahre 1864, letztere 1870 für ihre erneuerten Statuten die königliche Genehmigung erhielten.

Frühere Handelskammer zu Lissabon.

Die Handels- und Gewerbekammer zu Lissabon wurde auf Grund des allgemeinen Dekrets vom 10. Febr. 1894, betreffend Errichtung von Handels- und Gewerbekammern, begründet. Sie zerfiel in drei Sektionen, je eine für den Großhandel und die Schiffahrt, für die Industrie und den Kleinhandel. Es konnten alle Kaufleute, Schiffer und Industrielle aufgenommen werden, welche zwei Jahre lang Gewerbesteuer bezahlt hatten. Der Jahresbeitrag betrug 12 Milreis. Alljährlich fand eine Generalversammlung statt.

Tätigkeit.

Die Aufgabe der Handels- und Gewerbekammer Lissabons war die Vertretung der allgemeinen Interessen des Handels, der Schiffahrt und der Industrie, sowie die Begründung, Unterhaltung und Verwaltung von Anstalten und Einrichtungen, welche die Förderung des Handels bezwecken. Die Ausübung der meisten Funktionen der Handelskammer war einem von der Generalversammlung gewählten Verwaltungsrat übertragen. Dieser bestand aus zehn Mitgliedern, von denen alljährlich ein Drittel auf drei Jahre gewählt wurde. Präsident und Vizepräsident wurden alljährlich von der Regierung ernannt; sie mußten verschiedenen Sektionen entnommen werden.

Associaçao Commercial do Lisboa.

Vor einigen Jahren ist die Handels- und Gewerbekammer als Vertretung der Handels- und Gewerbeinteressen wieder durch eine freie Vereinigung, eine Associaçao Commercial, wie sie in Porto besteht, ersetzt worden.

Associaçao Commercial do Porto.

Die Associaçao Commercial do Porto, welche im Jahre 1834 begründet wurde, beruht noch jetzt auf ihren Statuten vom 19. Februar 1870. Sie ist ein zur Vertretung der Handelsinteressen gegründeter Verein von Kaufleuten Portos und seiner Umgebung. Ihr Sitz ist seit 1841 das Börsengebäude von Porto.

Mitglieder.

Als Mitglieder können Kaufleute, Vertreter von Aktiengesellschaften, Makler und Handelsagenten jeder Nationalität aufgenommen werden, deren schriftliches Aufnahmegesuch, durch die Empfehlung eines Korporationsmitgliedes unterstützt, die Genehmigung der Direktion findet. Die Mitglieder zahlen einen Jahresbeitrag von 4,8 Milreis. In gewissen Fällen können sie aus der Korporation ausgeschlossen werden. Sie haben das Recht, die Anstalten und Einrichtungen der Korporation, insbesondere das Lesekabinett zu benutzen, die Generalversammlungen zu besuchen und das Wahlrecht auszuüben. Sie sind auch berechtigt, Personen, welche von außerhalb nach Porto kommen, für zwei Monate bei der Kammer einzuführen. Die Korporation besaß am 31. Dezember 1905 33 Ehrenmitglieder und 521 ordentliche Mitglieder.

Direktion.

Die Rechte der Associaçao Commercial werden von einer alljährlich gewählten Direktion ausgeübt. Diese besteht aus einem Präsidenten, einem Vizepräsidenten, zwei Sekretären, einem Schatzmeister und zehn andern Mitgliedern. Alle sind wieder wählbar; fünf Personen müssen alljährlich wiedergewählt werden. Wenn Mitglieder der Direktion an der Ausübung ihrer Funktionen verhindert sind, werden sie von den Korporationsmitgliedern vertreten, welche bei der Wahl zur Direktion unter den nicht gewählten die höchste Stimmenzahl erhielten.

Die Direktion hat die Aufgabe, alle allgemeinen Fragen der Handelsinteressen zu beraten und zu fördern, die Aufnahme und nötigenfalls den Ausschluß von Mitgliedern vorzunehmen und, unterstützt durch die von ihr angestellten Beamten, die Verwaltung der Anstalten und Einrichtungen der Associaçao auszuüben. Sie hält etwa monatlich eine Sitzung ab und setzt für die Beratung von Spezialfragen Kommissionen ein. Für die Ausübung bestimmter Verwaltungsaufgaben usw. bestanden 1905 sieben feste Kommissionen. Tätigkeit.

Die Associaçao besitzt ein in erster Linie zur Benutzung der Mitglieder bestimmtes Lesekabinett, das auch einige Würdenträger von Porto umsonst, andere Nichtmitglieder gegen einen Jahresbeitrag von 4,8 Milreis besuchen dürfen. Die Associaçao verwaltet ferner das Börsengebäude, in welchem auch das Handelsgericht und eine Handelsschule ihren Sitz haben. Die Associaçao versieht einen Wetternachrichtendienst durch telegraphische Verbindung mit dem Hafen Leixoes. Sie verwaltet eine Desinfektionsanstalt für die Sicherung der Hafenquarantäne. Sie wendet endlich für die Verbesserung der Einfahrt in die Dueromündung Arbeit und Geldmittel auf. Generalversammlung.

Der Präsident der Direktion beruft die Generalversammlungen der Associaçao unter Anführung der in der Versammlung zu beratenden Gegenstände. Die Generalversammlungen sind bei Anwesenheit von dreißig Mitgliedern beschlußfähig. Sie haben die Direktion zu wählen, ebenso eine mit der Kontrolle des Finanzwesens betraute Dreimännerkommission. Sie haben über außergewöhnliche Ausgaben zu beschließen, ihrer Genehmigung unterliegen auch die Reglements der von der Korporation geschaffenen Anstalten. Sie beraten ferner alle ihnen von der Direktion oder von besonderen Kommissionen vorgelegten Fragen. Alljährlich im Januar finden zwei ordentliche Generalversammlungen statt; in der ersten wird von der Direktion ein Bericht über ihre Tätigkeit und über die Finanzverwaltung erstattet, in der zweiten diskutiert die Generalversammlung den Bericht und nimmt die Neuwahl der Direktion vor. Außerordentliche Generalversammlungen müssen auf Antrag von nur sieben Mitgliedern berufen werden.

Rumänien.

Errichtung von Handelskammern.

Rumänien besitzt seit dem Jahre 1864 Handelskammern in den Städten Craiova, Pitesti, Constanta, Braila, Galati, Bucarest, Focsani, Botosani, Jasi und Ploesti. Diese sind durch das Gesetz vom 10. Mai 1886 neu organisiert und mit weiteren Befugnissen versehen worden. In Rumänien werden Handelskammern an allen Orten errichtet, wo es die Regierung für angebracht hält. Die Regierung bestimmt den Bezirk der Kammer und ihre Mitgliederzahl, welche zwischen 15 und 35 schwankt. Wahlberechtigt sind alle Handel- und Gewerbetreibenden, welche 21 Jahre alt sind, der ersten bis vierten Patentsteuerklasse angehören und im Besitz der bürgerlichen und politischen Rechte sind. Wählbar ist, wer 25 Jahre alt ist, die bürgerlichen und politischen Rechte besitzt und ein Handels- oder Industriegeschäft betreibt. Durch die Munizipalräte werden Wählerlisten aufgestellt, die Kammerbezirke werden in Wahlbezirke eingeteilt. Der Präfekt beruft die Wählerversammlung ein; es wird geheim und nach Listenskrutinium gewählt. Die Mandate dauern drei Jahre. Der Minister prüft den Wahlhergang. Sodann werden die Kammermitglieder durch den Präfekten in ihr Amt eingeführt. Die Kammer ist befugt, korrespondierende Mitglieder zu ernennen, welche beratende Stimme haben.

Befugnisse.

Die Handelskammern stehen unmittelbar unter dem Minister für Handel und Gewerbe und dürfen mit allen Behörden schriftlich verkehren. Sie sind als Organe von Handel und Industrie verpflichtet, die Regierung durch Abgabe von Gutachten und Einbringung von Anträgen zu unterstützen, und zwar sowohl auf Erfordern als auch aus eigener Initiative. Sie sollen gehört werden über Veränderungen in der Handelsgesetzgebung, vor der Errichtung neuer Handelskammern, neuer Börsen, vor der Anstellung neuer Fonds- und Warenmakler, vor dem Erlaß von Zoll- und Transporttarifen, vor der Errichtung von Filialen der Nationalbank usw. Sie haben sich auf Erfordern über die Leistungsfähigkeit von Unternehmern öffentlicher Arbeiten und von Staatslieferanten zu äußern. Die Verwaltung der Börsen ist den Handelskammern übertragen. Sie haben die Aufgabe, statistisches Material über die Fragen des Handels und der Industrie zu sammeln; sie haben hierbei gesetzlichen Anspruch auf die Unterstützung von Behörden und Privaten. Alljährlich sollen sie dem Minister für Handel und Gewerbe Bericht erstatten über den Gang von Handel und Industrie, sowie über ihre eigene Tätigkeit. Endlich haben sie das Recht, Anstalten und Einrichtungen, wie Lagerhäuser, Schulen usw., zu begründen und zu unterhalten oder bestehende Anstalten auf Antrag der Besitzer in Verwaltung zu nehmen.

Geschäftsführung.

Die Handelskammer erwählt auf drei Jahre einen Präsidenten

und einen Vizepräsidenten. Diese bilden zusammen mit dem Sekretär das Bureau der Kammer. Die Handelskammer gibt sich selbst eine Geschäftsordnung, welche der Genehmigung der Regierung unterliegt. Die Regierung ernennt einen Staatskommissar, der an allen Sitzungen der Kammer teilnehmen kann. Diese sind öffentlich; zur Beschlußfähigkeit ist die Anwesenheit der Majorität der Handelskammermitglieder notwendig. Die Handelskammern haben alljährlich drei Sessionsperioden. Im Januar, Mai und Oktober treten sie zu je mindestens fünf Sitzungen zusammen.

Der Sekretär der Kammer, für dessen theoretische und praktische Vorbildung bestimmte Forderungen aufgestellt sind, wird von dem Minister auf Vorschlag der Kammer angestellt; die Handelskammer besoldet ihn.

Je nach der Zahl der in einem Handelskammerbezirk (Circonscription) vereinigten Distrikte bestehen bei jeder Handelskammer lokale Sektionen. Die Sektion des Kammersitzes, die Zentralsektion, verfügt über die Räume und das Bureau der Handelskammer. Die departementalen Sektionen halten in ihren Distrikten Sitzungen ab und vertreten ihre lokalen Spezialinteressen. Die Aufsicht über Börsen und Makler wird von den Sektionen ausgeübt, deren Kosten von der Handelskammer getragen werden. Die Sektionen erstatten in der Januarsession Jahresberichte über ihre Distrikte. **Sektionen.**

Die Kosten der rumänischen Handelskammern werden durch Zuschläge zur staatlichen Gewerbesteuer gedeckt. Diese Zuschläge werden mit in den Generalstaatsetat eingestellt und durch den Finanzminister den Handelskammern zugeführt. **Kostendeckung.**

Türkei.

Soweit der Handel der europäischen Türkei in den Händen von Ausländern ist, findet er in fünf Auslandshandelskammern zu Konstantinopel, je einer englischen, französischen, griechischen, italienischen und österreich-ungarischen, seine Interessenvertretung. Durch das Kaiserliche Irade vom 6. Sefer 1297 (= 1880) sind auch für den türkischen Handelsstand mehrere mit einer Reihe von öffentlich-rechtlichen Befugnissen ausgestattete Handelskammern geschaffen worden. **Türkische Handelskammern.**

Die türkische Handelskammer zu Konstantinopel besteht aus 24 Mitgliedern, von denen alljährlich der dritte Teil auf drei Jahre gewählt wird. Die Wahl erfolgt seitens eines aus 20 Mitgliedern bestehenden Wahlkörpers, von denen der Minister für Handel und Ackerbau zehn ernennt, während zehn Wähler von den Kaufleuten des Bezirks ausgewählt werden. Dieser Wahlkörper wählt die Mitglieder der Handelskammer in geheimer **Zusammensetzung.**

Listenwahl mit einfacher Majorität aus den 30 Jahre alten, fünf Jahre ein Geschäft betreibenden, als rechtschaffen bekannten Kaufleuten aus. Der Minister für Handel und Ackerbau präsidiert der Wahlversammlung. Die Handelskammermitglieder sind nur nach einjähriger Inaktivität wiederwählbar.

Geschäftsführung.

Die Handelskammer zu Konstantinopel tritt einmal in der Woche zu einer Sitzung zusammen. Die Mitglieder sind verpflichtet zu erscheinen; die Sitzung ist beschlußfähig, wenn zwei Drittel der Mitglieder anwesend sind. Vorbehaltlich der Bestätigung durch den Minister wählt sich die Handelskammer einen Präsidenten und einen Vizepräsidenten, gibt sich eine Geschäftsordnung und stellt einen Sekretär mit dem notwendigen Hilfspersonal an. Sie kann zur Beratung einzelner Fragen Kommissionen unter Heranziehung von Nichthandelskammermitgliedern bilden. welchen bis zu sechs Personen angehören dürfen.

Aufgaben.

Die Handelskammer zu Konstantinopel hat die Aufgabe, auf Erfordern oder aus eigner Initiative dem Minister Vorschläge zur Förderung des türkischen Handels zu machen. Sie soll sich äußern über die Veränderungen des Handelsrechts und über Vorschläge auf Abänderung der Zolltarife, über die Vornahme von öffentlichen Arbeiten (Häfen, Binnenwasserstraßen), über die Anlage von neuen Postlinien, Telegraphen und Eisenbahnen, über die Begründung neuer Handelskammern, Handelsgerichte und Börsen, über die Anstellung neuer Fonds- und Warenmakler usw.

Ferner hat die Handelskammer das Recht und die Pflicht, eine Anzahl von Registern über die Kaufleute des Bezirks zu führen. Sie soll ein regelmäßiges „Régistre des marchandises, monnaies et titres publics en tout genre, ainsi que de tous autres objet relatives aux opérations commerciales“ führen und dem Handelsminister auf Wunsch Auszüge liefern. Daneben führt sie eine Reihe von Spezialregistern, in welche die Kaufleute sich eintragen lassen sollen. Ein Register berichtet über die Daten der Abreise und der Rückkehr von Kaufleuten, über erfolgte Zahlungseinstellungen und über alle gegen einen Kaufmann wegen eines Verbrechens oder Vergehens erhobenen Anklagen. Die Handelskammer führt ein weiteres Spezialregister über die Preise von Waren, die Kurse von Geldsorten und Papieren, auf Grund dessen sie auf Erfordern Bescheinigungen ausstellt. Sie führt ein Register über die Proteste wegen Nichteinlösung von Wechseln und anderen Schulddokumenten. Sie stellt auf Wunsch Kaufleuten Bescheinigungen über den Grad ihrer Zahlungsfähigkeit aus. Endlich kann sie auf Wunsch der vertragschließenden Parteien den Wortlaut von Gesellschaftsverträgen und allen anderen Verträgen, welche auf den Handel Bezug haben, registrieren.

Kostendeckung.

Bei der Führung des ersterwähnten Hauptregisters werden die Kaufleute nach dem Umfang ihres Geschäftes von der Kammer nach ihrem eigenen Gutachten in vier verschiedene Klassen eingeteilt. Die Kosten der Kammer werden durch eine Besteuerung der Kaufleute gedeckt, welche sich nach der erwähnten Klasseneinteilung abstuft. Kaufleute, welche es unterlassen haben, sich registrieren zu lassen, bezahlen 50 % Zuschlag.

Auch aus der Führung der Spezialregister und der Ausstellung von Bescheinigungen erwachsen der Handelskammer Einnahmen aus Gebühren.

Bulgarien.

Auf Grund des Gesetzes vom 20. Dez. 1894 sind in Bulgarien nach französischem und rumänischem Muster vier Handelskammern errichtet worden, welche sich in Sofia, Philippopel, Warna und Rustschuck befinden. Im Jahre 1899 wurden sie in der Nationalversammlung als überflüssig und kostspielig lebhaft bekämpft und mit Unterdrückung bedroht. Es wurde zwar nicht ihre Abschaffung beschlossen, doch wurden ihre Etats auf 10000 Fr. im Maximum beschränkt. Dieser Vorschrift unterwarf sich nur die Handelskammer zu Philippopel; die drei anderen stellten ihre Tätigkeit ein. Im folgenden Jahre jedoch wurde die beschränkende Gesetzesvorschrift wieder beseitigt; seitdem sind wieder alle vier Kammern in Aktion. Die Handelskammern. Geschichte.

Die bulgarischen Handels- und Industriekammern haben die Aufgabe, die Gesamtinteressen von Handel, Industrie und Gewerbe zu vertreten, der Regierung in allen wirtschaftlichen Angelegenheiten als konsultative Organe zu dienen und den Staats- und Kommunalbehörden auf Verlangen oder aus eigener Initiative heraus tatsächliche Mitteilungen, Vorschläge und Anregungen zur Förderung von Handel, Gewerbe und Landwirtschaft zu unterbreiten. Die Kammern pflegen von dem Minister für Handel und Agrikultur zu Gutachten über neue Handelsverträge, über die Errichtung von Börsen, Handels- und Gewerbeschulen usw. herangezogen zu werden; doch steht ihnen kein Recht darauf zu. Dagegen sind den Handelskammern eine Reihe von öffentlichrechtlichen Funktionen zugewiesen worden. Sie führen ein Register über die Vollmachten aller Kommissionäre, Agenten und Repräsentanten inländischer und ausländischer Firmen, ferner Register aller fallierten Firmen und aller protestierten Wechsel. Nach der Bestimmung der neueren Gesetzgebung wird die Erlaubnis zur Abhaltung öffentlicher Verkäufe von den Handelskammern eingeholt; von ihnen werden die Legitimationskarten für Kaufmannsreisende ausgestellt; die Handelskammern wachen über den Markenschutz; sie sind endlich in den Komitees zum Schutz der Frauen- und Kinderarbeit durch ihre Sekretäre vertreten. Aufgaben.

Die Handelskammern sind zurzeit noch nicht gesetzlich ermächtigt, Schulen, Museen, Informationsbureaus usw. zu gründen, Kurse abhalten zu lassen, Auslandsstipendien für Handwerker zu gewähren, Schiedsgerichte zu bestellen usw. Gleichwohl haben sie auf diesen Gebieten sich bereits erheblich betätigt. Die Regierung hat sie bisher nicht daran gehindert; eine gesetzliche Rechtsgrundlage für ihre Wirksamkeit ist aber noch nicht vorhanden.

Handelskammer Philippopel. Zusammensetzung.

Die Handels- und Industriekammer zu Philippopel (Plovdic) besteht aus 32 Mitgliedern, von denen 17 der Stadt des Kammersitzes, 15 dem weiteren Kammerbezirk angehören. Alle zwei Jahre wird die Hälfte von ihnen auf vier Jahre in geheimer Wahl gewählt. Wahlberechtigt ist jeder Handels- oder Gewerbetreibende, welcher die bürgerlichen und politischen Rechte besitzt und mehr als 25 Fr. Patentsteuer bezahlt. Die Wählbarkeit ist nur an den Besitz der bürgerlichen und politischen Rechte und ein Alter von 25 Jahren geknüpft. Die Wahllisten werden von den Gemeindebehörden aufgestellt.

Die Handels- und Industriekammer Philippopel zerfällt in drei Sektionen, je eine für Handel, für Industrie und für Agrikultur. Die Sektionen beraten über die in ihr Ressort schlagenden Angelegenheiten und erstatten der Kammerversammlung Bericht. Aus Mitgliedern der drei Sektionen ist eine Spezialkommission zur Kontrolle der Finanzgebarung der Kammer gebildet. Die Handelskammer kann korrespondierende Mitglieder mit beratender Stimme ernennen.

Wirksamkeit.

Die Kammer arbeitet teils in allgemeinen Versammlungen aller Mitglieder, teils in Versammlungen der in Philippopel ansässigen Mitglieder, den sogenannten gewöhnlichen Versammlungen, teils endlich durch ihr Bureau. Allgemeine Handelskammerversammlungen finden einmal jährlich statt und dauern 9 oder 10 Tage. Das Bureau besteht aus dem Präsidenten und dem Vizepräsidenten, welche von der Kammer auf zwei Jahre gewählt werden, und einem besoldeten, von der Kammer angestellten, vom Minister bestätigten Sekretär, welcher auch der Chef der Kanzlei ist. Das Bureau bereitet die allgemeinen und die gewöhnlichen Versammlungen der Handels- und Industriekammer vor, führt ihre Beschlüsse aus und ist zu selbständigem Vorgehen im Sinne der von der Kammer vertretenen Ansichten berechtigt.

Die Handels- und Industriekammer hat seit der Zeit ihres Bestehens als Interessenvertretung und konsultatives Organ der Behörden viel gearbeitet und auch eigene Unternehmungen begonnen. Sie ließ in Philippopel und anderen Städten viermonatliche Handelskurse abhalten, veranstaltete ferner temporäre gewerbliche Kurse (Fellfärberei, Töpferei usw.) und landwirtschaftliche Vorträge (Seidenbau, Tabaksortierung, Mohnbau usw.). Seit 1902 besitzt sie ein Informationsbureau, das über alle Artikel und Firmen, Märkte, Warenpreise, Zollordnungen, Handelsverträge, über Kreditfähigkeit usw. Auskünfte erteilt. Seit 1904 besteht bei ihr ein Museum, das der Vervollkommnung und Verbreitung der bulgarischen Industrieprodukte dient. Jeder Handwerker und Fabrikant des Bezirks kann hier Fabrikate zum Verkauf bringen, jedoch nur neue Artikel, die bisher in Bulgarien nicht fabriziert worden sind; er kann für die eingelieferte Ware Vorschüsse von 50 % des Wertes erhalten. Durch Leitfäden, Modelle und Muster dient das Museum der Förderung der gewerblichen Kunstfertigkeit. Seit 1905 existiert eine Sammlung von Katalogen für Maschinen und Instrumente, die den Angehörigen des Gewerbes, der Industrie und der Landwirtschaft kostenlos zur Verfügung stehen.

Nach Organisation und Wirksamkeit entsprechen die übrigen bulgarischen Handels- und Industriekammern im wesentlichen derjenigen von Philippopel.

Amerika.

Vereinigte Staaten von Amerika.[1])

Geschichte der amerikanischen Handelsvertretungen.

Die älteste amerikanische Handelskammer ist die von New York, welche im Jahre 1768 gegründet und 1772 inkorporiert wurde. Auch New Haven (Conn.), Charleston, Philadelphia, Baltimore und Boston besitzen schon seit einem Jahrhundert oder länger Handelsvertretungen, welche freilich im Laufe der Zeit teilweise Namen und Zwecke mehrfach gewechselt haben. In den weiter westlich gelegenen Städten begann die Organisation der kaufmännischen Interessen gleichfalls schon verhältnismäßig früh. In Chicago wurde 1848 ein Board of trade begründet; auch Detroit, Milwaukee, Cincinnati, St. Louis, Toledo, Minneapolis u. a. schufen schon vor einem halben Jahrhundert Handelsvertretungen.

Verfassung. Freie Korporationen.

Die amerikanischen Handelskammern sind bei aller sonstigen Verschiedenheit sämtlich private Vereinigungen von Handel- und Gewerbetreibenden, welche in Form einer Charter vom Staate Korporationsrechte erhalten haben. Eine Chamber of commerce oder ein Board of trade besitzt so wenig wie irgend ein Fachverein behördlichen Charakter. Nur ausnahmsweise sind ihnen öffentlich-rechtliche Funktionen übertragen. Die Handelskammer Boston übt die Kontrolle über die Sortierung in den Kornlagerhäusern aus, die Handelskammer New York hat die Kommission, welcher die kommunale Untergrundbahn unterstellt ist, eingesetzt und ernennt die Lotsen. Derartige offizielle Befugnisse sind aber selten. Sie begründen nicht die Bedeutung oder das Ansehen der Kammern, sondern sind eher nur als ihre Folgen zu betrachten.

Verschiedenartigkeit der Funktionen und Namen.

Im einzelnen sind nun die amerikanischen Handelsvertretungen außerordentlich verschiedenen Charakters. Sie führen

---

1) Das Handelskammerwesen der Vereinigten Staaten von Amerika ist ganz ausserordentlich vielgestaltig. Wir haben deshalb darauf verzichtet, eine ausführliche Schilderung von den Verhältnissen der ganzen Union zu geben. Vielmehr beschränken wir uns darauf, wiederzugeben, was unser volkswirtschaftlicher Beirat, Prof. Dr. Jastrow, in seinem Bericht über eine volkswirtschaftliche Studienreise durch Nord-Amerika im Jahre 1904 über die Handelsvertretungen der von ihm studierten Orte mitgeteilt hat. Zu diesen Orten gehören nicht die Städte des Südens und des ferneren Westens, obwohl die Handelskammern von New-Orleans Charleston S. C. und Atlanta, sowie die von San Francisco und Los Angeles einen bedeutenden Ruf besitzen.

meist die Namen Chamber of commerce oder Board of trade. In New York und einer Reihe von anderen Städten bezeichnet Chamber of commerce eine Vertretung der allgemeinen Handelsinteressen, während unter einem Board of trade eine Institution verstanden wird, welche die Vertretung der Interessen der am Orte arbeitenden Mitglieder zur Aufgabe, bisweilen sogar nur ganz bestimmte Interessen der Mitglieder (z. B. Kreditversicherung) im Auge hat. In New York nimmt die Chamber of Commerce die großen, allgemeinen Handelsinteressen wahr; ein Board of trade and Transportation widmet sich den Interessen des örtlichen Handels- und Verkehrslebens; daneben bestehen die Börsenvereine der Stock Exchange, der Produce Exchange, der Cotton-Exchange usw., welche sich als Spezialvertretungen ihrer Branchen betrachten und die Interessen ihrer Mitglieder, besonders durch Ermöglichung von Börsenversammlungen und Erleichterung des Telegraphen- und Telephonverkehrs, fördern. — An manchen Orten ist jedoch unter einem Board of trade auch eine Vertretung der allgemeinen Handelsinteressen zu verstehen, wie in Chicago und Philadelphia; und umgekehrt bezeichnet Chamber of commerce an manchen Orten, z. B. Albany, eine Institution, welche sich rein örtlichen Interessen widmet. Bisweilen finden sich Körperschaften beider Bezeichnungen in einer Stadt, ohne in ihrem Programm wesentliche Verschiedenheiten zu haben; neben ihnen findet sich möglicherweise dann noch eine Merchants' Association mit ganz ähnlichem Programm. Außer diesen Vertretern allgemeiner Handelsinteressen gibt es, ohne die Möglichkeit genauerer Abgrenzung, Körperschaften zur Förderung von lokalen Zwecken oder auch von mehr oder weniger speziellen Brancheninteressen.

Numerus clausus.

Bei aller Verschiedenheit in Bezeichnung, Verfassung und Aufgabenkreis haben die Handelsvertretungen der Vereinigten Staaten, oder wenigstens die größeren unter ihnen, in der Regel eines gemeinsam, das Prinzip der beschränkten Mitgliederzahl. Die Folge dieses Systems des numerus clausus ist, daß die Mitgliedschaft ein wertvolles und kostspieliges Recht wird und die Teilnahme an den Handelsvertretungen nur den wohlhabendsten Kreisen möglich ist. Man erklärt dieses System zum Teil damit, daß man schwächere Existenzen fernhalten müsse, um die Kammer tatkräftig zu erhalten. An anderen Orten erklärt sich der hohe Kaufwert der Mitgliedschaft an der Chamber of commerce oder dem Board of trade dadurch, daß mit ihnen eine hohe Hinterbliebenenversicherung verbunden ist. An einigen Orten ist die Mitgliederzahl nicht durch Statut fest beschränkt. Die Mitgliedschaft aber ist verkäuflich und der Eintritt in die Kammer ohne Erwerb einer solchen so kostspielig, daß tatsächlich nur soviel neue Mitglieder eintreten können, als alte Mitgliedschaften frei werden. (In Chicago beträgt das offizielle Eintrittsgeld 10 000 Dollar, ein Transferable Certificate 3—4000 Dollar.)

Betätigungsgebiete.

Von den verschiedenen Betätigungsgebieten der amerikanischen Chambers of commerce und Boards of trade sind die wichtigsten: die Einflußnahme auf die Gesetzgebung und Verwaltung des Staats, die Pflege der örtlichen, kommunalen Interessen und die Versorgung der Mitglieder mit statistischen Nachrichten.

Einfluß auf die Gesetzgebung.

Der Einfluß der amerikanischen Handelsvertretungen auf die Gesetzgebung und die innere Politik überhaupt ist recht erheblich. So hat die Handelskammer von New York die Angriffe auf die amerikanische Währung abgewehrt, sie ist für die Reziprozität in Handelsverträgen, für internationale Schiedsgerichte, für eine bessere Ausbildung des Handelsstandes eingetreten. Sie hat für die Erbauung von Kanälen, Eisenbahnlinien und für die Veranstaltung anderer Verkehrseinrichtungen gearbeitet. Andere amerikanische Kammern haben ähnlich gewirkt. Doch gilt das nur von den größeren, von den Handelsvertretungen, welchen durch die Anzahl und die Bedeutung ihrer einzelnen Mitglieder eine solche Stellung zukommt, daß ihre Wünsche und Ansichten politische Faktoren darstellen. Weniger die Gründe, mit denen in den Vereinigten Staaten eine Handelsvertretung für ein Gesetz, für ein Unternehmen eintritt, bestimmen den Erfolg, als das Ansehen, das sie besitzt. Deshalb ist die wirksame Einflußnahme auf die Gesetzgebung auch im wesentlichen den großen Kammern vorbehalten. Die kleineren sehen sich mehr oder weniger auf die Förderung lokaler Interessen beschränkt.

Förderung der kommunalen Interessen.

Auf dem Gebiete der Wahrung der kommunalen Interessen finden die mittleren und kleineren Interessenvertretungen freilich ein großes Arbeitsfeld. Infolge des weitgehenden Zusammenhangs des politischen Parteilebens mit den Kommunalverwaltungen steht in den Vereinigten Staaten das Selbstverwaltungswesen auf keiner hohen Stufe. Von den Handel- und Gewerbetreibenden wurden die Folgen der kommunalen Mißstände am schwersten empfunden; es ist natürlich, daß ihre Vertretungen sich bemühen, die Gemeindeverwaltungen durch ihre Mithilfe zu unterstützen oder durch öffentliche Kritik zu ihrer Pflicht anzuhalten. Es ist zu bemerken, daß die sich vorwiegend lokalen Interessen widmenden Handelsvertretungen seltener dem Prinzip des numerus clausus folgen als die großen, politischen Zielen nachgehenden Kammern. — Die Handelskammer zu Albany, die nicht zu den großen Kammern gehört, welche auf eine politische Rolle Anspruch machen können, bemüht sich, Albanys Handel und Gewerbe dadurch zu fördern, daß sie Fabriken, welche neu begründet werden, oder ihr Domizil verlegen, mit allen Kräften nach Albany zieht, mit der Stadt zusammen den Hafen im Hudson verbessert und eine systematische Propaganda für Albany als Fremdenstadt macht. Indem sie Beziehungen zu einer Vereinigung der Engroshändler unterhält, sucht sie Albany als Einkaufsstadt zu größerer Bedeutung zu verhelfen. — Eine Handelsvertretung zu Cincinnati, die Merchants' and Manufacturers' Association, sucht gleichfalls ihren Platz als Einkaufsstadt zu größerer Bedeutung zu bringen, indem sie Einkäufern die Reisekosten aus ihrer Kasse bezahlt.

Pflege der Statistik.

Unter den Diensten, die die amerikanischen Handelsvertretungen ihren Mitgliedern unmittelbar leisten, nimmt die Statistik den ersten Platz ein. Einfuhr und Ausfuhr der einzelnen Plätze wie der gesamten Vereinigten Staaten werden den Mitgliedern schnell und in einer den praktischen Bedürfnissen des Handels angemessenen Weise mitgeteilt. Ernte- und Wetterberichte werden so schnell und sicher wie möglich beschafft und veröffentlicht. Dazu kommt als weitere Betätigung auf dem Gebiete der Statistik die telegraphische Uebermittlung von Kursen. Zwar, die Handelskammer von New York überläßt die Uebermittlung täglicher Statistik den Spezialvertretungen, da die Statistik nicht zur Vertretung der allgemeinen Handelsinteressen gehört. Aber die sonstigen Chambers of commerce, Boards of trade usw. betrachten die tägliche Statistik als einen der wichtigsten Zweige ihrer Tätigkeit. So laufen an der vom Chicago Board of trade unterhaltenen Produktenbörse täglich Berichte über Zu- und Abfuhr vom Chicagoer Markt, über fremde Kurse, über Wetter und Ernten usw. ein, die jedem bei der Börse Eintrittsberechtigten zur Verfügung stehen.

Nationale Zusammenfassung.

Schon frühzeitig machte sich in den Vereinigten Staaten das Bedürfnis nach einer Zusammenfassung der verschiedenen Handelsvertretungen geltend. Delegierte von Vertretungen verschiedener Plätze traten etwa seit der Mitte des 19. Jahrhunderts aus verschiedenen Anlässen zu sogen. Commercial Conventions zusammen. Die Anregung, eine Handelsvertretung für gemeinsame Interessen mit einer einheitlichen Organisation zu schaffen, ging von dem Bostoner Board of trade aus. In Philadelphia traten am 5. Juni 1868 32 amerikanische Handelsvertretungen zum National Board of trade zusammen.

National Board of Trade.

Diese Vereinigung betrachtet nach ihrem revidierten Statut vom 13. Jan. 1903 als ihre Aufgabe: „die Wirksamkeit der verschiedenen Handels- und Industrievertretungen in den Vereinigten Staaten zu fördern; im Vorgehen in bezug auf Handelsgebräuche oder -gesetze und insbesondere in der Beratung und Meinungsbildung über alle Fragen, die die Finanz-, Handels- und industriellen Interessen des Landes im großen betreffen, Einheit und Uebereinstimmung des Handels zu sichern; endlich in Maßregeln der nationalen Gesetzgebung und Verwaltung gemeinschaftliche Aktion herbeizuführen." Das National Board of trade tritt in der Regel nur einmal im Jahre durch seine große Generalversammlung in Tätigkeit, bei welcher alle aktuellen Fragen verhandelt werden. Die Versammlungen finden im Dezember oder

Januar, und zwar seit 1892 stets in Washington statt. Die Berichte über die Verhandlungen werden publiziert.

Unter den Leistungen des National Board of trade ist besonders zu erwähnen, daß er zur Gründung eines eigenen Handelsministeriums in der Union den Anlaß gegeben hat, nachdem bis dahin die Fürsorge für die Interessen des Handels ausschließlich den einzelstaatlichen Regierungen anvertraut gewesen war.

Mitglieder

Das National Board of trade umfaßte im Jahre 1904 38 lokale Handelsvertretungen und 10 nationale Fachverbände. Es vertritt vorwiegend den Osten der Vereinigten Staaten; der Westen hält sich von ihm mehr zurück.

Mexiko.

Republik Mexiko.

In Mexiko bestehen neben einer französischen und einer italienischen Auslandshandelskammer in der Hauptstadt und in den Hauptplätzen des Innern nationale Handelskammern, welche keinerlei offiziellen Charakter tragen. Zur Erleichterung der Beziehungen zwischen den einzelnen Kammern besteht in der Hauptstadt Mexiko eine Confederation Mercantil, in welcher die Handelskammern des Landes sich durch zwei in der Stadt Mexiko wohnende Delegierte vertreten lassen. Diese Delegierten übermitteln von Zeit zu Zeit der Confederation Mercantil lokale Fragen, um deren weitere Vermittlung bei der Regierung dafür in Anspruch zu nehmen.

Offizielle Handelskammer.

Auch die Confederation Mercantil besitzt bisher keinen offiziellen Charakter. Sie verhandelt aber seit längerer Zeit mit der Regierung über die Anerkennung als amtliche Handelsvertretung und hat neue Statuten entworfen. Es soll begründete Aussicht vorhanden sein, daß die Regierung mit geringen Modifikationen die Statuten akzeptieren und der Confederation einen offiziellen Charakter erteilen wird.

Wenn dies geschieht, wird die Confederation Mercantil als offizielle Handelskammer eine Korporation mit freiwilligem Beitritt der Mitglieder sein; sie soll sich von jeder Politik fernhalten.

Der Statutenentwurf enthält folgende Bestimmungen:

Aufgaben.

Die Handelskammer hat die Aufgabe, in jeder Weise Handel und Industrie zu fördern und die Regierung mit Vorschlägen und Anregungen aller Art zu unterstützen, besonders bei den gesetzgeberischen Arbeiten. Sie will ein Handelsmuseum mit einer permanenten Warenausstellung gründen, und in ihrem Bureau ihren Mitgliedern und anderen Interessenten Informationen und Auskünfte in Handelsangelegenheiten erteilen. Sie will auf eine Vereinheitlichung der Handelsgebräuche hinwirken und durch ihren Verwaltungsrat auf Anruf als Schiedsgericht fungieren.

Mitglieder dieser neuen offiziellen Handelskammer können die in Mexiko ansässigen Kaufleute, Bankiers und Industriellen werden, wenn ihr schriftliches Aufnahmegesuch auf Empfehlung eines Mitgliedes durch den Verwaltungsrat genehmigt wird. Sie bezahlen 20 Peso Eintrittsgeld und monatliche Beiträge von 2, 4 oder 6 Peso. Die Mitglieder haben das Recht, die Bibliothek und die sonstigen Räumlichkeiten der Kammer zu benutzen, auch auf einen Monat Bekannte bei der Kammer einzuführen. Sie sind verpflichtet, zu den Versammlungen zu erscheinen und Aemter anzunehmen, für die sie gewählt sind. Die Mitgliedschaft erlischt im Falle des Bankerotts; auch in anderen Fällen kann der Verwaltungsrat Mitglieder ausschließen. Mitglieder.

Im Februar jeden Jahres findet eine ordentliche Generalversammlung statt. In diesen werden vom Verwaltungsrat über seine Tätigkeit im abgelaufenen Jahre und über die Finanzverhältnisse der Handelskammer Berichte erstattet und die Wahlen zum Verwaltungsrat vorgenommen. Sodann wird über die auf die Tagesordnung gesetzten allgemeinen Fragen verhandelt. Auf Wunsch des Verwaltungsrats, der Regierung oder einer Anzahl von Kammermitgliedern werden außerordentliche Versammlungen abgehalten. Zur Beschlußfähigkeit ist die Anwesenheit von zwei Dritteln der Mitglieder notwendig. Generalversammlung.

Die Geschäfte der Handelskammer werden von dem Verwaltungsrat geführt. Dieser besteht aus 9 Mitgliedern, von denen jährlich drei auf drei Jahre gewählt werden. Für jedes Mitglied wird ein Vertreter bestellt. Der Verwaltungsrat wählt sich einen Präsidenten und einen Schatzmeister. Er hält allmonatlich eine ordentliche Sitzung ab und ist beschlußfähig, wenn der Präsident und vier Mitglieder zugegen sind. Mitglieder, welche drei Sitzungen unentschuldigt fernbleiben, werden durch ihre Vertreter ersetzt. Der Verwaltungsrat fungiert auf Anruf streitender Parteien als Schiedsgericht. Zur Besorgung der laufenden Geschäfte stellt er Beamte an. Verwaltungsrat.

Die Ausgaben der Handelskammern werden aus den Eintrittsgeldern und Beiträgen, aus Vermögenszinsen und Schiedsgerichtssporteln und etwaigen Schenkungen bestritten. Kostendeckung.

Brasilien.

In Rio de Janeiro besteht eine französische, in Sao Paulo eine italienische Handelskammer. Charakteristik der Handelsvertretungen

Die Organisation der nationalen kommerziellen Interessenvertretung von Brasilien wird durch das Nebeneinanderbestehen von zwei Arten von Handelsvertretungen charakterisiert. Fast in allen einigermaßen wichtigen Handelsplätzen besteht eine Junta

Commercial, eine mit einer großen Zahl von öffentlich-rechtlichen Befugnissen ausgestattete Verwaltungsbehörde, deren kleine Mitgliederzahl von der gesamten Kaufmannschaft eines Staates oder mehrerer Staaten gewählt wird, während die Regierung den Präsidenten und den Sekretär ernennt. Gleichfalls an allen wichtigeren Plätzen besteht zur Vertretung der allgemeinen Handelsinteressen eine Korporation von Handel- und Gewerbetreibenden unter der Bezeichnung einer Associaçao Commercial. Die Organisation und der Aufgabenkreis jeder Institution ist in den verschiedenen Städten fast gleich.

Uebersicht.

Nach unseren Erkundigungen bestehen Junta Commercial und Associaçao Commercial in Sao Paulo, Bahia, Maráos (Amaconas), Rio de Janeiro, Sao Luiz do Maranhao und Maceió; nur eine Associaçao Commercial ist uns in Pernambuco, Santos, Ceará und Para bekannt, nur eine Junta Commercial in Victoria und Juiz de Fora. Bei dieser Uebersicht konnten die südbrasilianischen Staaten Paraná, Santa Catharina und Rio Grande do Sul nicht berücksichtigt werden.

Junta Commercial zu Rio de Janeiro.

Zusammensetzung.

Die Junta Commercial zu Rio de Janeiro beruht auf einem Dekret, betreffend die Juntas und die Handelsinspektorien vom Jahre 1890. Ihr Reglement ist bestätigt durch das Dekret vom 26. Jan. 1904. Sie besteht aus sieben Mitgliedern, einschließlich des von der Behörde ernannten Präsidenten und des gleichfalls ernannten Sekretärs. Die Mitglieder werden vom Collegio Commercial gewählt. Dieses ist die Versammlung aller eingetragenen Kaufleute des Bezirks, welche alle zwei Jahre zur Wahl der Hälfte der Juntamitglieder, deren Amtszeit mithin vier Jahre dauert, einberufen wird. Das Collegio Commercial zerfällt nach der alphabetischen Anordnung der Namen seiner Mitglieder in fünf Sektionen, welche gesondert unter dem Vorsitz des Präsidenten und vier anderer Juntamitglieder wählen.

Geschäftsführung.

Die Junta Commercial hält in der Regel an zwei Tagen der Woche Sitzungen ab, welche von 10 bis 3 Uhr dauern. Der Präsident kann weitere Sitzungen berufen. Die Sitzungen sind in der Regel öffentlich. Die Reihenfolge der Verhandlungsgegenstände ist durch das Reglement genau vorgeschrieben. — Für bestimmte Amtshandlungen erhalten Präsident und Sekretär erhebliche Gebühren; auch unter die Mitglieder der Junta wird ein Teil der Einkünfte aus Gebühren verteilt. — Die Junta verfügt über zehn besoldete Beamte.

Aufgaben.

Die Junta Commercial besitzt eine große Anzahl von Verwaltungsbefugnissen, welche sich auf die Führung von Handelsregistern, auf die Aufsicht über Lagerhäuser und Makler und auf den Muster- und Markenschutz beziehen. Daneben soll die Junta freilich auch bei den Behörden die Handelsinteressen vertreten, insbesondere in Sachen der Handelsgesetzgebung, und statistische Daten sammeln.

Zur Vertretung der allgemeinen Handelsinteressen besteht eine Associaçao Commercial, deren neuestes Statut vom 28. Okt. 1902 die älteren Statuten aus den Jahren 1834, 1867 und 1877 ablöste. Sie ist eine freie Vereinigung von Kaufleuten, Bankiers, Industriellen, Reedern, Maklern aller Nationalitäten. Ihre Aufgabe ist die Vertretung der Gesamtinteressen von Handel und Gewerbe, insbesondere durch Vorstellungen bei den Behörden. Sie verwaltet ein Börsengebäude und eine Bibliothek und sammelt und verbreitet jährliche Berichte, statistische Daten und andere Materialien zur Kenntnis von Handel und Industrie. Sie übt schiedsrichterliche Funktionen aus und wirkt für eine Vereinheitlichung von Handelsgebräuchen. Sie will, soweit die Mittel hierzu reichen, endlich ihre Mitglieder oder deren Hinterbliebene in Notlagen unterstützen, insbesondere durch Erziehung ihrer Kinder. Associaçao zu Rio de Janeiro. Aufgaben.

Die Organe der Associaçao sind die Generalversammlung der Mitglieder, ein engeres Direktorium und ein weiterer Beirat; daneben bestehen eine Finanz- und eine Schiedsgerichtskommission.

Die Mitglieder zerfallen in verdiente, in vom Beitrag befreite und in Beitrag leistende Mitglieder. Als verdientes Mitglied wird von der Generalversammlung bezeichnet, wer der Vereinigung 2000 Milreis geschenkt hat, wer eine große Zahl von Mitgliedern für die Vereinigung gewonnen oder sich sonstwie um die Vereinigung verdient gemacht hat. Von der Beitragsleistung befreit ist jedes Mitglied, das einmal 500 Milreis eingezahlt hat. Der Jahresbeitrag für die andern Mitglieder beträgt 48 Milreis. Der Beirat kann auf Vorschlag des Direktoriums außerdem im In- und Ausland Ehren- und korrespondierende Mitglieder ernennen, welche jedoch in der Generalversammlung keine Stimme haben. Die ordentlichen Mitglieder müssen im Staate Rio de Janeiro wohnen. Im Falle des Bankrotts und in andern Fällen können sie ausgeschlossen werden. Die Aufnahme erfolgt durch das Direktorium auf Grund einer Empfehlung. Die Mitglieder dürfen die Börse besuchen und die Bibliothek benutzen. Sie sind auch berechtigt, auf die Dauer von zwei Monaten Fremde einzuführen. Mitglieder.

Alljährlich findet im Juni oder Juli eine ordentliche Generalversammlung statt, welche das Direktorium wählt, Rechnung abnimmt, über Statutenänderungen und alle ihr vom Direktorium oder vom Beirat vorgelegten Sachen berät und beschließt. Auf Wunsch des Direktoriums, des Beirats oder von mehr als 30 Mitgliedern finden außerordentliche Generalversammlungen statt. Die Versammlungen sind in der Regel bei Anwesenheit von 60 Mitgliedern beschlußfähig. Generalversammlung.

Die Geschäfte der Associaçao Commercial werden vom Direktorium (Directoria) geführt. Dieses besteht aus einem Präsidenten, einem Vizepräsidenten, zwei Sekretären, einem Schatzmeister und Direktorium.

vier anderen Mitgliedern. Nur drei Mitglieder dürfen derselben Nationalität angehören. Einmal im Monat findet eine ordentliche Sitzung statt, welche bei Anwesenheit von fünf Mitgliedern beschlußfähig ist. Das Direktorium beschließt über die Aufnahme von neuen Mitgliedern und über die Zulassung von Nichtmitgliedern zum Börsenbesuch und macht dem Beirat Vorschläge betreffs Ernennung von Ehren- und korrespondierenden Mitgliedern. Es führt die Kassengeschäfte der Vereinigung, stellt Beamte an, sorgt für die pünktliche Beschaffung von Handelsnachrichten, Büchern, Preiskuranten und Zeitungen für die Bibliothek und verwaltet die Unterstützungsfonds. Es beruft die Generalversammlungen, berichtet über seine Tätigkeit und Kassenführung und führt ihre Beschlüsse aus. Ebenso versammelt es den Beirat, nimmt an seinen Sitzungen teil und erledigt seine Beschlüsse.

Beirat.

Der Beirat (Conselho deliberativo) besteht aus den gegenwärtigen und den früheren Mitgliedern des Direktoriums, den verdienten Mitgliedern und Repräsentanten der Branchen, die in der Vereinigung vertreten sind. Jede Branche, welche mehr als fünf Mitglieder in der Associaçao Commercial zählt, entsendet auf zwei Jahre einen Vertreter in den Beirat, Branchen von mehr als 40 Mitgliedern entsenden zwei Vertreter. Alle drei Monate finden ordentliche Beiratssitzungen statt, in welchen alle Fragen, welche mit den Zwecken der Vereinigung zu tun haben, beraten werden.

Kommissionen.

Zur Prüfung des Finanzgebahrens wählt die Generalversammlung eine Finanzkommission. Der Beirat erwählt für die Ausübung der Schiedsgerichtspflichten eine zweite ständige Kommission. Zur Aufrechterhaltung der Ordnung im Gebäude der Vereinigung, zur Kontrolle der Angestellten usw. bestellt das Direktorium allmonatlich einen Inspektor, welcher aus der Zahl der Beiratsmitglieder entnommen wird.

Argentinien.

Allgemeines.

In Argentinien bestehen eine französische, eine spanische und eine italienische Auslandshandelskammer. Nationale Handelskammern gibt es nicht. Doch fördern die in Buenos-Aires und Rosario de Santa Fé bestehenden Börsenvereine und ihre Ausschüsse auch die allgemeinen Interessen des Wirtschaftslebens.

Bolsa de Commercio de Buenos Aires.

Das vom 26. Nov. 1904 datierte Statut der Börse von Buenos-Aires (das Statut der Börse von Sante-Fé beruht ungefähr auf derselben Grundlage) bezeichnet als Aufgaben der Vereinigung die Pflege des Börsenverkehrs, die Vertretung der Handelsinteressen durch Petitionen an die Behörden und die Errichtung von Spezialkammern für die Vertretung einzelner Handelszweige.

Mitglieder und General-versammlung.

Mitglieder der Vereinigung können alle unbescholtenen Kaufleute von Buenos-Aires werden. Die Mitglieder haben das Recht, die Räumlichkeiten der Börsenvereinigung zu benutzen, hier ihre Verträge abzufassen und ähnliche Geschäfte abzuschließen und den Generalversammlungen beizuwohnen. Sie haben die Pflicht, an den Versammlungen teilzunehmen, jede Wohnungsveränderung anzugeben, Aemter anzunehmen und Beiträge zu zahlen. Alljährlich findet eine ordentliche Generalversammlung statt, in der u. a. Rechnungslegung und Wahlen vorgenommen werden. Außerordentliche Generalversammlungen werden abgehalten, wenn die Börsenkammer, die Zweidrittelmehrheit einer Spezialkammer oder 200 Mitglieder der Börsenvereinigung es für notwendig halten. Der Präsident der Börsenkammer führt den Vorsitz, Abstimmungen werden schriftlich vorgenommen, Stimmenmehrheit entscheidet.

Die Leitung der Börsenvereinigung, die alleinige Vertretung und die Ausübung aller Funktionen derselben obliegt der Börsenkammer. Nur unterliegt das Generalreglement für die gesamte Geschäftsführung der Genehmigung durch die Generalversammlung. Die Börsenkammer besteht aus 19 von der Generalversammlung gewählten Mitgliedern und den Präsidenten der 13 Spezialkammern, welche sich gemäß den Statuten konstituiert haben. Alljährlich wählt die Börsenkammer ein Bureau mit einem Präsidenten an der Spitze, welcher den von der Generalversammlung gewählten Mitgliedern entnommen sein muß. Die Kammer ist bei Anwesenheit von sechs Mitgliedern beschlußfähig. Sie hält wöchentlich eine Sitzung ab. Börsenkammer.

Die Börsenkammer verwaltet die Einnahmen der Vereinigung, welche aus Eintritts- und Beitragsgeldern, Zinsen, Schenkungen, Strafgeldern und Schiedsgerichtssporteln bestehen. Sie nimmt Mitglieder in die Vereinigung auf, beruft Generalversammlungen und führt ihre Beschlüsse aus. Sie wacht über den gesamten Börsenverkehr, läßt Kurse veröffentlichen und regelt das Maklerwesen. Sie erstattet Gutachten; sie stellt Handelsgebräuche fest und fungiert als Schiedsgericht. Zur Erledigung ihrer Aufgaben stellt sie Beamte an.

Die 13 bei der Börsenvereinigung bestehenden Spezialkammern haben die Aufgabe, die Interessen eines bestimmten Gewerbes oder einer Gruppe von Gewerben zu vertreten. Es können ihnen alle Mitglieder der Börsenvereinigung angehören, welche den betreffenden Handels- oder Industriezweig betreiben und sich in das Register der Spezialkammer eintragen lassen. Jede Spezialkammer hat ein eigenes Reglement, welches der Genehmigung der Börsenkammer unterliegt. Die Art der Zusammensetzung, die Mitgliederzahl usw. wird durch dieses Reglement geregelt. Die Spezialkammern tagen im Lokal der Börsenvereinigung. Sie sind verpflichtet, Beratungsgegenstände, welche ihnen die Börsenkammer überweist, zu erledigen und üben schiedsrichterliche Funktionen aus. Sie verfügen über eigene Kassen und können Personal bestellen. Spezialkammern.

Chile.

Allgemeines.

Das Handelskammerwesen ist in Chile nicht besonders gesetzlich geregelt. Die in Valparaiso und Conceptión bestehenden Handelskammern und die in Santiago und Conceptión begründeten, Union Commercial genannten, ähnlichen Vereinigungen unterliegen nur den allgemeinen Vorschriften des bürgerlichen Gesetzbuchs über juristische Personen. Neben ihnen besteht in Santiago eine französische Auslandshandelskammer.

Valparaiso. Handelskammern.

Das vom Minister für Ackerbau usw. genehmigte Statut der Handelskammer Valparaiso datiert vom 26. Mai 1884. Die Handelskammer ist eine freie Korporation. Sie hat die Aufgabe, die Behörden bei der Förderung des Handels durch Vorschlag geeigneter Maßregeln zu unterstützen und ihr die Wünsche des Handelsstandes zu übermitteln. Sie hat ferner die Aufgabe, über die Durchführung der für den Handel ergangenen gesetzlichen Vorschriften zu wachen, die Handelsgebräuche festzustellen und die Statistik des Handels und der Schiffahrt zu treiben. Endlich soll ihr Verwaltungsrat in Handelssachen auf Anruf streitender Parteien nach sorgsamer Untersuchung des Falls durch zwei hierzu bestellte Mitglieder Schiedssprüche fällen, gegen die es kein Rechtsmittel gibt.

Der Handelskammer können alle Aktionäre und sonstigen Besucher der Handelsbörse beitreten, ferner, wenn sie durch ein Handelskammermitglied empfohlen werden, alle Kaufleute, Fabrikanten, Bankiers, Reeder, Schiffskapitäne usw. Sie müssen sich probeweise sieben Tage lang an der Börse zeigen. Ueber die Aufnahmegesuche entscheidet dann der Verwaltungsrat. Die Mitglieder bezahlen als Eintrittsgeld 17 Pesos, als Jahresbeitrag 10 Pesos. Gesellschaften zahlen höhere Beiträge. Im Januar und im Juli werden ordentliche Generalversammlungen abgehalten, in denen der Verwaltungsrat über seine Tätigkeit und über die Finanzen der Kammer Bericht erstattet und in denen Beratungen und Beschlußfassungen stattfinden. Bei Anwesenheit von 20 Mitgliedern ist die Kammer beschlußfähig. Außerordentliche Kammerversammlungen finden statt, wenn es der Verwaltungsrat oder 10 Kammermitglieder wünschen. In der Januarversammlung wählt die Handelskammer in geheimer Wahl mit absoluter Majorität den Verwaltungsrat.

Verwaltungsrat.

Der Verwaltungsrat besteht aus 15 Mitgliedern. Er hat die Aufgabe, alles zur Erreichung der Ziele der Handelskammer Notwendige zu tun und verfügt über die Finanzen der Handelskammer. Er wählt alljährlich einen Präsidenten, einen Vizepräsidenten und einen Schatzmeister und kann zur Beratung von Spezialfragen besondere Kommissionen bilden. Er soll jede Woche eine Sitzung abhalten, weitere Sitzungen müssen auf Antrag von drei Mitgliedern stattfinden. Der Verwaltungsrat gibt sich selbst eine Geschäftsordnung. Er ernennt einen Sekretär mit dem notwendigen Hilfspersonal. Der Sekretär, der allen Kammer-, Verwaltungsrats- und Kommissionssitzungen beiwohnen muß, leitet die Geschäftsführung, im Namen des Schatzmeisters auch die Kassenführung, bereitet alle Verhandlungen vor und sammelt statistische Materialien.

Conceptión. Handelskammern.

In Conceptión besteht seit dem 30. Aug. 1905 ebenfalls eine „Handelsbörse und Handelskammer", welche wie die Handelskammer zu Valparaiso eine Korporation mit freiwilligem Beitritt und freiwilliger Beitragsleistung ist.

Union Commercial.

Seit dem Jahre 1901 gibt es in Conceptión ferner eine Union Commercial, deren jetzt geltendes Statut vom 1. Jan. 1905 datiert. Der Zweck dieser Vereinigung ist, die Handelsinteressen ihrer Mitglieder zu schützen, besonders wenn es sich um Zahlungseinstellungen und Bankerotte von Firmen im Gebiete der Republik handelt. Sie hat sich deshalb auch zur Aufgabe gestellt, über die einschlägigen Fragen Auskünfte zu erteilen. Die Jahresbeiträge der Mitglieder sind sehr hoch; sie betragen 100 Pesos.

Santiago.

Umfassendere Aufgaben hat sich die Union Commercial von Santiago gestellt. Diese ist ein durch Verfügung vom 10. Nov. 1900 genehmigter, auf 30 Jahre abgeschlossener Verein von Personen beiderlei Geschlechts. Ihr Zweck ist, die Mitglieder in allen Lebenslagen zu unterstützen, insbesondere jedem Mitglied, das nicht mehr imstande ist, seinen Verbindlichkeiten nachzukommen, durch das moralische Ansehen des Vereins und durch seine Geldmittel die Lösung seiner Schwierigkeiten zu ermöglichen oder zu erleichtern. Die Union begründet ferner zur Förderung des Handels eine Musterwarensammlung und plant für später die Errichtung einer Handelsschule. Sie verfügt für die tägliche Unterhaltung der Mitglieder über Klubräume. Sie unterstützt nötigenfalls kranke Mitglieder finanziell. Auf Anrufen übt sie auch eine schiedsrichterliche Tätigkeit aus. Neben diesen aufgeführten Spezialaufgaben widmet sich die Union auch der allgemeinen Vertretung des Handels.

Kuba.

Handelskammer zu Habana.

Der neben der französischen und der internationalen Auslandshandelskammer von Habana seit einer Reihe von Jahren in Kuba bestehende Centro General de Comerciantes e Industriales de la Isla de Cuba, ein freier wirtschaftlicher Verein, welcher seit fünf Jahren auch eine monatliche Zeitschrift herausgab, hat sich gegen Ende des Jahres 1905 in die Camera de Comercio, Industria y Navegacion de la Isla de Cuba, deren Statuten vom 3. Jan. 1906 datieren, umgewandelt. Diese Handelskammer ist eine freie Korporation von Kaufleuten, Industriellen, Reedern, Schiffskapitänen, Direktoren von Aktiengesellschaften, Handelsagenten, Handelslehrern, Ingenieuren usw. von ganz Kuba. Ihr Sitz ist Habana. Sie hat den Zweck, die gesamten Interessen des Handels, der Industrie und der Schiffahrt von Kuba zu vertreten.

Die Mitglieder werden durch Beschluß des Verwaltungsrats aufgenommen; bei Bankerotten und in anderen Fällen kann der Verwaltungsrat sie ausschließen. Die Mitglieder sind verpflichtet, Jahresbeiträge zu bezahlen, die Sitzungen zu besuchen und die ihnen übertragenen Aemter anzunehmen. Wenn sie von Habana abwesend sind, können sie stimmberechtigte Vertreter ernennen. Sie haben das Recht, im Sekretariat der Handelskammer Auskünfte über Handelsangelegenheiten zu erhalten. Wenn sich an einem Orte der Insel mindestens 12 Kaufleute usw. zu sogen. Delegationen zusammenfinden, können sie sich gemeinschaftlich als körperschaftliches Mitglied der Handelskammer aufnehmen lassen und einen in Habana ansässigen Vertreter in den Verwaltungsrat der Kammer entsenden. Diese auswärtigen Delegationen müssen die Hälfte ihrer Einnahmen aus Mitgliederbeiträgen an die Handelskammer abführen.

Delegationen können in allen Orten Kubas, mit Ausnahme der in der Provinz Habana belegenen Orte, gebildet werden. Sie wählen sich zur Leitung ihrer Angelegenheiten Präsidenten usw. nach Bedarf.

Generalversammlung. Alljährlich findet eine ordentliche Generalversammlung mit Tätigkeits- und Kassenbericht des Verwaltungsorts statt. Ordentliche wie außerordentliche Generalversammlungen sind stets beschlußfähig.

Sektionen. Die Angehörigen des Handels, der Industrie und der Schiffahrt verhandeln auch getrennt in Sektionen. Diese Sektionen erwählen sich jede ein Bureau mit einem Präsidenten und einem Sekretär. Die Vertreter der auswärtigen Delegationen nehmen auch an den Sitzungen der Sektionen teil.

Verwaltungsrat. Die Handelskammer wird von einem Verwaltungsrat geleitet, welcher in allen Dingen ihr Vertreter ist. Er besteht aus einem Präsidenten, drei Vizepräsidenten, einem Generalsekretär, einem Schatzmeister und acht Beisitzern, welche sämtlich von der Generalversammlung der Handelskammer gewählt werden und wiederwählbar sind. Der Verwaltungsrat hält monatlich regelmäßige und nach Bedarf außerordentliche Sitzungen ab. Die Protokolle der Sitzungen werden in der monatlich erscheinenden Zeitschrift der Handelskammer auszugsweise mitgeteilt.

Delegationen. Die von den auswärtigen Delegationen in den Verwaltungsrat entsandten Vertreter müssen allen Sitzungen beiwohnen und haben gleiche Rechte wie die von der Generalversammlung gewählten Beisitzer. Sie können Beschlüsse, welche sie für gefährlich halten, durch ihr Veto hindern.

Uruguay.

Allgemeines.

Es gibt in Uruguay keine gesetzlichen Vorschriften über die Bildung kaufmännischer Vereinigungen; nur bedürfen Vereinigungen einer Anerkennung durch die Staatsgewalt, wenn sie juristische Persönlichkeit erlangen wollen.

Centro Commercial.

Der Centro Commercial zu Montevideo, welcher zugleich als Bolsa de Comercio anerkannt ist, ist in Uruguay die einzige von der Regierung genehmigte kaufmännische Korporation. Sie hat keinen offiziellen Charakter, wird aber von Behörden und öffentlichen Korporationen vielfach in Anspruch genommen. Er verkehrt direkt mit dem Handelsminister.

Die italienischen, spanischen und französischen Kaufleute besitzen eigene Handelskammern.

Arbeitsfeld.

Der Centro Commercial und sein unter dem Namen Handelskammer gewählter Ausschuß haben die Aufgabe, einen Vereinigungspunkt für Beratung und Vertretung aller Handelsinteressen und ein Organ zur Geltendmachung von Wünschen, zur Abfassung von Eingaben usw. zu bilden. Die Handelskammer hat ferner über die Handelsgebräuche des Platzes zu wachen, unterhält die geeignet scheinende Verbindung mit fremden Börsen, veröffentlicht täglich die Kursnotierungen der öffentlichen Schuldtitel Uruguays und ist zugleich Oberinstanz in schiedsrichterlichen Entscheidungen des Ausschusses der Börsenmakler, über deren Tätigkeit sich in den Satzungen des Centro Commercial ausführliche Bestimmungen finden. In dem von dem Centro Commercial unterhaltenen Lesesaal liegen zur Benutzung der Mitglieder Zeitungen und Telegramme aus.

Die Benutzung der Institutionen des Centro Commercial steht nicht nur seinen Mitgliedern, sondern auch dem Präsidenten der Republik, den Ministern, den Handelsrichtern, dem diplomatischen und Konsularkorps usw. frei. Die Räume des Centro Commercial sind täglich von 8—5 Uhr geöffnet.

Mitglieder und Generalversammlung.

Angehörige aller Nationen können die Mitgliedschaft des Centro erwerben. Ueber ihre Aufnahme, für welche Empfehlung durch zwei Mitglieder Bedingung ist, wird von der Handelskammer ballotiert; zwei schwarze Kugeln hindern die Aufnahme. Das Eintrittsgeld beträgt 10 Pesos, der Monatsbeitrag 3 Pesos. Wegen Bankrotts, wegen Falschmünzerei und anderer Verbrechen erfolgt der Ausschluß der Mitglieder. Alljährlich im Januar treten die Mitglieder zu einer ordentlichen Generalversammlung zusammen. Außerordentliche Versammlungen können stattfinden, wenn es der Präsident, die Handelskammer oder mindestens 50 Mitglieder des Centro Commercial für nötig erachten. Die Vereinigung ist beschlußfähig, wenn die Hälfte der Mitglieder anwesend ist. Die Generalversammlung wählt die Handelskammer.

Handelskammer.

Die Handelskammer besteht aus neun Mitgliedern, von denen

jährlich fünf oder vier auf zwei Jahre gewählt werden. Drei Kammermitglieder, darunter der Präsident, müssen Bürger der Republik Uruguay sein. Die Mandate müssen angenommen werden. Die Kammer hält allwöchentlich eine Sitzung ab; sie ist bei Anwesenheit von fünf Mitgliedern beschlußfähig.

Der Handelskammer obliegt die gesamte Vertretung des Centro Commercial. Insbesondere sorgt sie für Erleichterung des Börsenverkehrs durch Verbesserung des telegraphischen Nachrichtendienstes und durch Beaufsichtigung der Makler. Sie ernennt Kommissionen, welche die Handelsgebräuche der verschiedenen Branchen feststellen. Diese, sowie richterliche Entscheidungen über Handelsgebräuche sammelt und kodifiziert sie. Zwei Mitglieder der Handelskammer werden abwechselnd einen Monat mit der regelmäßigen Feststellung des landesüblichen Tagelohnes beauftragt. Alle 15 Tage, einen Tag vor Abgang der Paketpost, werden die Sätze veröffentlicht. Die Handelskammer hat endlich schiedsrichterliche Funktionen.

Centro Commercial de Importadores y Mayoristas.

Vom Centro Commercial zu unterscheiden ist der Centro Commercial de Importadores y Mayoristas. Letzterer ist eine private Vereinigung von zum Teil bedeutenden Handelsfirmen, die im wesentlichen den Platzinteressen der Geschäftswelt von Montevideo gewidmet ist. Sie schützt die Interessen ihrer Mitglieder bei Konkursen, gibt eine Vierteljahresrevue heraus, hält einen Lesesaal, fördert den telegraphischen Nachrichtendienst und unterhält Beziehungen mit Handelskammern des Auslandes. Sie gibt Auskunft an auswärtige Firmen über die Marktgängigkeit von Waren und über die besonderen Anforderungen, die etwa an Waren gestellt werden.

Ecuador.

Handelskammer. Guayaquil.

In der Republik Ecuador gibt es kein das Handelskammerwesen betreffendes Gesetz. Die einzige in Ecuador bestehende, am 5. Juni 1889 zu Guayaquil begründete Handelskammer unterliegt nur ihrem eigenen Statut vom 11. Sept. 1889 und 7. Mai 1898.

Aufgaben.

Die Handelskammer Guayaquil soll den Behörden als beratendes Organ dienen. Sie soll sich zu allen Gesetzgebungsplänen auf den Gebieten des Handelsrechts und des Zollwesens äußern, sowie zu allen Bestimmungen Stellung nehmen, die das wirtschaftliche Leben berühren. Sie gibt den Behörden und Gerichten Gutachten und Informationen über Landwirtschaft, Schiffahrt und Handel. Ihr Verwaltungsrat fungiert auf Anruf als Schiedsgericht. Sie stellt Handelsgebräuche fest und sammelt statistische Nachrichten.

Mitglieder und Generalversammlung.

Jeder selbständige Kaufmann oder Vertreter eines kaufmännischen Geschäfts von Guayaquil kann Mitglied der Handelskammer werden, wenn seine Aufnahme von zwei Kammermitgliedern empfohlen und von dem Verwaltungsrat mit Dreiviertelmajorität beschlossen wird. Mit Zweidrittelmehrheit kann die Generalversammlung ein Mitglied ausschließen. Es wird ein Eintrittsgeld von 10 Sucre und ein Vierteljahrsbeitrag von 15 Sucre erhoben.

Im Januar und Juli finden ordentliche Generalversammlungen statt, in denen der Verwaltungsrat über seine Tätigkeit und über die Kasse der Handelskammer berichtet. Der Präsident des Verwaltungsrats präsidiert. Außerordentliche Generalversammlungen finden statt, wenn es der Rat oder acht Mitglieder der Kammer wünschen. In den letzten 15 Tagen jeden Jahres wählt die Handelskammer den Verwaltungsrat, dessen Präsidenten, Vizepräsidenten und Schatzmeister.

Der Verwaltungsrat besteht im ganzen aus 15 Mitgliedern. Er wird vom Präsidenten allmonatlich zu Sitzungen zusammengerufen. Er gibt sich selbst eine Geschäftsordnung, stellt einen Sekretär nebst dem nötigen Hilfspersonal an und verfügt über die Geldmittel der Handelskammer. Er ist berechtigt, zur Untersuchung bestimmter Fragen aus seinen Mitgliedern oder auch unter Hinzuziehung außenstehender Personen Kommissionen einzusetzen. Verwaltungsrat.

Asien.

Japan.[1])

Yokohama Foreign Board of Trade.

In Yokohama haben sich die auswärtigen Kaufleute zu einer Handelskammer zusammengeschlossen, welche den Namen Yokohama Foreign Board of Trade führt. Die Verwaltung der Kammer, welche die Förderung aller Handelsinteressen ihrer Mitglieder bezweckt, obliegt dem Komitee, welches aus einem Vorsitzenden, einem Vizevorsitzenden und sechs anderen Mitgliedern besteht und einen ständigen Sekretär besitzt. Das Board of trade hat gegen hundert Mitglieder, welche einen Jahresbeitrag von 35 Yen bezahlen. Alljährlich findet eine ordentliche Generalversammlung statt. Bemerkenswert sind u. a. die handelsstatistischen Publikationen des Board.

Japanische Gilden.

In der zweiten Hälfte des 19. Jahrhunderts hat man versucht, die bestehende korporative Verfassung des Gewerbes zu beseitigen. Doch haben sich zahlreiche Verbände erhalten und später reorganisiert. Diese Gilden (kumiai) bemühten sich um die Anerkennung des Staates, um alle Gewerbeangehörigen ihres Ortes zum Anschluß zwingen zu können. 1884 erfolgte eine staatliche Ordnung der Frage in dem Sinne, daß auf Wunsch von drei Vierteln der Interessenten zur Abstellung von Mißbräuchen und zum Schutz gemeinsamer Interessen eines Gewerbes Gilden errichtet werden können. Die Regierung bestätigt die Statuten; die Gilde als solche darf keine Geschäfte betreiben; alle Angehörigen des Gewerbes in dem betreffenden Orte müssen beitreten.

Auf Grund dieses Gesetzes haben sich einzelne Gilden neu gebildet. 1887 bestanden schon 45 Gewerbe- und 68 Handelsgilden. Die Zwecke der Gilden sind im einzelnen sehr verschieden. Sie stellen Usancen fest, kontrollieren die Qualität von Waren, bilden Steuergemeinschaften, Kartelle usw. usw.

Handelskammern.

Neben den Gilden dienen in Japan der Vertretung von Handel und Gewerbe eine große Anzahl von offiziellen Handelsvertretungen, welche sich zum Teil aus Vertretern von Handelsgilden

---

[1]) Leider haben wir bis zum Abschluss der Arbeit trotz wiederholter Bemühungen nähere Mitteilungen über die Organisation der Handelsvertretungen in Japan nicht erhalten können, die gerade jetzt ein ganz besonderes Interesse darbieten.

und ähnlichen Korporationen zusammensetzen. 1881 gab es 20, 1887 34, 1906 etwa 60 Handels- oder Handels- und Gewerbekammern. Das reformierte Handelskammergesetz vom 31. März 1902 trat im Juli 1902 in Kraft.

Handelskammer zu Tokio.

Die Handelskammer zu Tokio wurde im Jahre 1891 begründet. Die Zahl der Handelskammermitglieder betrug im Jahre 1905 69. Von diesen waren 50 von den 2857 Wählern des Kammerbezirks gewählt. 10 Mitglieder wurden vom Gouverneur von Tokio ernannt. Die Einnahmen der Kammer sind vom Jahre 1891 bis 1905 von 8662 auf 35072 Yen gewachsen. Die Handelskammer gibt ein bedeutsames statistisches Jahrbuch heraus.

Handelskammertage.

Es finden auch gemeinsame Konferenzen der japanischen Handelskammern statt.

Indien und Hongkong.

Indische Handelskammern.

In Indien bestehen Handelskammern zu Bombay, Calcutta, Madras, Karachi, Cawnpore, Coconada, Aden, Cochin und Delhi. Sie sind freie Vereinigungen. Ein Gesetz, welches den Handelskammern offizielle Befugnisse zuweist, gibt es nicht; doch beruft die Regierung gewohnheitsmäßig in die gesetzgeberischen Körperschaften Indiens Vertreter von Handel und Gewerbe. Die Verfassung der Handelskammern Indiens ist im einzelnen verschieden; wir beschränken uns auf eine Uebersicht über die Handelskammer zu Bombay.

Handelskammer zu Bombay. Zwecke und Rechte.

Der Zweck der im Jahre 1836 begründeten Handelskammer Bombay, deren jetziges Statut vom 1. März 1905 datiert, ist es, ein freundliches Einvernehmen der Kaufleute herbeizuführen, ihre allgemeinen Interessen zu vertreten, über die Handelsgebräuche zu wachen und schiedsrichterliche Funktionen auszuüben. Sie ist in dem Legislative Council of H. E. the Governor of Bombay, im Bombay Port Trust Board, im Bombay Improvement Trust und in der Bombay Municipal Corporation durch ein Mitglied oder deren mehrere vertreten.

Mitglieder und Generalversammlung.

Mitglieder der Handelskammer können alle am Handel interessierten Personen werden. Sie müssen ein durch Kammermitglieder unterstütztes Aufnahmegesuch einreichen und sich einer strengen Ballotage unterwerfen. Sie zahlen einen Monatsbeitrag von 15 Rs. und für die Publikationen der Kammer weitere 20 Rs. Die Kammer kann besonders verdiente Männer zu Ehrenmitgliedern ernennen. Alljährlich muß eine ordentliche Generalversammlung stattfinden, in welcher das abtretende Generalkomitee einen Jahresbericht abstattet. Auf Wunsch des Komitees oder auf Ersuchen von wenigstens zehn Kammermitgliedern muß der Präsident eine besondere Generalversammlung einberufen. Alle wichtigeren Beschlüsse des Komitees sind der Genehmigung der Generalversammlung unterworfen.

Generalkomitee.

Die Kammerversammlungen werden vorbereitet vom Generalkomitee. Dieses führt sämtliche Geschäfte der Kammer, verwaltet ihr Vermögen, stellt ihre Beamten an und kontrolliert sie. Es besteht aus einem Vorsitzenden, einem stellvertretenden Vorsitzenden und sieben anderen Mitgliedern. Am Ende jeden Kalenderjahres wählt die Handelskammer durch Ballotage die beiden Vorsitzenden. Die neugewählten Vorsitzenden und das abtretende Komitee bestimmen die übrigen sieben Komiteemitglieder, und zwar so, daß der Handel durch vier, das Bankwesen, das Eisenbahnwesen und die Schiffahrt durch je ein Mitglied vertreten sind. Wenn das von der Handelskammer in den gesetzgeberischen Rat des Gouverneurs von Bombay gesandte Mitglied nicht bereits Komiteemitglied war, so wird es, solange es dieses Amt bekleidet, ex officio ein solches. Das Generalkomitee tritt seinen Dienst unmittelbar nach der Jahresgeneralversammlung an, in welcher das alte Komitee seinen Jahresbericht erstattet hat. Es hält in der Regel wöchentlich eine Sitzung ab, führt die Korrespondenz der Kammer mit den Behörden usw. und kann ohne Genehmigung der Kammer Geldausgaben bis zur Höhe von 3000 Rupien für einen Zweck machen.

Handelskammerkonferenz.

Im Januar 1905 hat zu Calcutta eine Konferenz der Handelskammern von Indien und Ceylon stattgefunden, welche zu einer großen Zahl von Fragen des allgemeinen Handelsinteresses Stellung nahm. Diese Konferenz war die erste ihrer Art in Indien; es ist aber anzunehmen, daß solche Konferenzen zu einer dauernden Einrichtung werden.

Handelskammer zu Honkong.

Ebenso wie die indischen Handelskammern genießt die 1861 begründete Handelskammer der englischen Kolonie Hongkong seit 1884 das Recht einer Vertretung im gesetzgeberischen Rat. Die Hongkong General Chamber of Commerce hat die Aufgabe, die Gesamtinteressen des Handels zu fördern und zu schützen, insbesondere durch Information der Behörden, Handelsgebräuche festzustellen und als Schiedsrichter zu wirken. Alle Handelsfirmen oder Personen, welche am Handel mit Hongkong oder China interessiert sind, können von dem Komitee vorbehaltlich der Genehmigung der Handelskammer aufgenommen werden. Firmen zahlen 50 $, Einzelpersonen 20 $ jährliche Beiträge. In jedem Februar findet eine ordentliche Generalversammlung statt. In dieser erstattet das Komitee Bericht und werden die Neuwahlen zum Komitee vollzogen. Zur Beratung allgemeiner Fragen müssen auch Spezialversammlungen einberufen werden.

Komitee.

Zur Leitung der Geschäfte und zur Verwaltung der Finanzen wählt die Kammer jährlich ein aus neun Personen bestehendes Komitee, das selbst seine Präsidenten wählt. Der Vertreter der Kammer im gesetzgeberischen Rat ist ex officio Komiteemitglied.

Das Komitee versammelt sich wenigstens einmal im Monat. Es kann Subkomitees einsetzen; unter Genehmigung der Kammer erläßt es seine Geschäftsordnung und stellt den Sekretär an.

China.

Handelskammern Chinas.

Die chinesischen Kaufleute haben sich seit alters zur Vertretung gemeinsamer Interessen in Gilden zusammengefunden. In neuester Zeit sind von dem neu geschaffenen chinesischen Handelsministerium Regulative für Handelskammern nach fremdem Muster entworfen worden, die die Regierung bestätigt und damit zum Gesetz erhoben hat. Nach diesen sollten alle kaufmännischen Gilden und sonstigen Vereinigungen sich in Handelskammern umwandeln. An allen wichtigsten Plätzen sollten so Allgemeine Handelskammern gebildet werden; die Handelsplätze zweiten Ranges sollten Zweighandelskammern erhalten, welche unter der Kontrolle der Allgemeinen Handelskammern der Provinz stehen. Als Sitze für Allgemeine Handelskammern wurden einstweilen Tientsin, Tschifu, Shanghai, Hankow, Chungking, Canton und Swatow bezeichnet.

Organisation.

Für jede Allgemeine Handelskammer werden ein Vorsitzender und ein Vizevorsitzender, für jede Zweighandelskammer wird ein Vorsitzender ernannt. Diesen stehen gewählte Kollegien, die Directors of the Chamber, zur Seite. Die Directors werden von der Kaufmannschaft des Kammerbezirks unter den erfahrensten und vertrauenswürdigsten Kaufleuten gewählt; ihre Zahl beträgt bei den Allgemeinen Handelskammern zwanzig bis fünfzig, bei den Zweigkammern zehn bis zwanzig. Die Vorsitzenden und die Direktoren halten wöchentlich eine Sitzung ab. Bei dieser muss die Hälfte der Direktoren anwesend sein; die Vorsitzenden präsidieren den Verhandlungen. Die Zweigkammern werden ebenso geleitet wie die Allgemeinen Kammern. Sie haben die Pflicht, den Allgemeinen Kammern vierteljährlich Berichte zu erstatten. Sie verkehren mit dem Handelsministerium in der Regel nur durch die übergeordneten Allgemeinen Kammern.

Aufgaben.

Die Hauptaufgabe der Vorsitzenden ist es, das Handelsministerium durch regelmäßige Berichterstattung über den Gang des Handels zu unterstützen und alle Klagen von Kaufleuten genau zu untersuchen und eventuell bei den Behörden zu vertreten. Ferner sollen die chinesischen Kaufleute beim Ausbruch von Streitigkeiten sich an den Vorsitzenden wenden, welcher den Streitfall den Direktoren zur Entscheidung vorlegt. Auch bei Streitigkeiten zwischen chinesischen und fremden Kaufleuten sollen die Handelskammern auf die Anrufung von Schiedsrichtern hinwirken. Die Handelskammer soll ferner über alle Kaufleute Register führen, die Kaufverträge registrieren und Bescheinigungen über sie ausstellen, sowie über die Buchführung aller Kaufleute wachen.

Kostendeckung.

Die gesetzlichen Einnahmen bestehen in den Gebühren, welche die Kaufleute für die Führung des Handelsregisters, für die Ausstellung von Zertifikaten über kaufmännische Verträge und für die Ueberwachung ihrer Buchführung zu bezahlen haben.

Handelskammer zu Shanghai.

Auf Grund des Gesetzes ist eine Reihe von Handelskammern entstanden, von denen uns besonders die zu Shanghai bekannter geworden ist. Die Chinese General Chamber of Commerce wurde 1904 als eine Vermittlungsstelle zwischen den chinesischen Kaufleuten einerseits und den chinesischen Behörden, der Foreign Merchants' General Chamber of Commerce, dem Konsularkorps und der Stadtverwaltung andererseits gegründet. Sie ist dadurch charakterisiert, daß sie sich stark an fremde Vorbilder anlehnt (sie ist wie die Handelskammer von Hongkong, deren Statut dem ihren vielfach im Wortlaut gleicht, eine freie Vereinigung), und daß sie auf der anderen Seite eine Zusammenfassung des Gildenwesens darstellt. Als ihre Hauptaufgabe betrachtet sie die Schaffung und Ueberwachung von Handelsbräuchen und ihre schiedsrichterliche Tätigkeit.

Mitglieder und Generalversammlung.

Durch das Komitee der Kammer können auf Empfehlung von Kammermitgliedern Personen aufgenommen werden, welche am Handel und an der Schiffahrt des Platzes interessiert sind. Sie bezahlen mindestens 12 Tls. Jahresbeitrag; aber nur, wer 100 Tls. oder 300 Tls. bezahlt, ist für ein Subkomitee oder für das Komitee wählbar. Alle Jahre findet eine ordentliche Generalversammlung statt; andere Versammlungen muß der Präsident auf Wunsch von mindestens fünf Mitgliedern berufen.

Komitee.

Die Geschäfte und die Finanzverwaltung liegen in den Händen des Komitees. Dieses besteht aus den Vertretern aller Kaufmannsgilden und einigen von der Kammer gewählten Mitgliedern; die Gesamtzahl beträgt zwölf bis sechzehn. Das Komitee wählt aus seiner Mitte den Vorsitzenden und den Vizevorsitzenden der Kammer. Es tritt monatlich so oft zusammen, als es notwendig ist, stellt einen Sekretär an und verfaßt einen Jahresbericht über seine Tätigkeit.

Afrika.

Aegypten.

In Aegypten besteht neben der französischen, italienischen, griechischen, englischen, österreichischen und russischen Auslandshandelskammer, welche sämtlich ihren Sitz in Alexandria haben, in Kairo eine internationale Handelskammer. Der Zweck dieser am 9. Mai 1903 begründeten freien Vereinigung ist die Förderung des Handels und der Industrie in Aegypten. Die Internationale Handelskammer beschäftigt sich ausschließlich mit Fragen von allgemeinem Interesse; politische Fragen sind jedoch ausgeschlossen. Auf Verlangen von streitenden Parteien übt die Handelskammer auch eine schiedsrichterliche Tätigkeit aus. Internationale Handelskammer zu Kairo

Der Internationalen Handelskammer können als Mitglieder alle in Aegypten oder im Sudan ansässigen Kaufleute, Industrielle, Ingenieure, Landwirte, Direktoren von Banken und Aktiengesellschaften und alle anderen Personen, welche am Handel und an der Industrie des Landes interessiert sind, angehören. Außerordentliche Mitglieder können alle im Ausland wohnenden Personen oder Gesellschaften werden, welche sich um die Aufnahme bewerben. Die ordentlichen Mitglieder bezahlen einen Jahresbeitrag von 100 Piaster Tarif, die außerordentlichen einen solchen von 12,50 Frcs. Die Haftpflicht der Mitglieder beschränkt sich auf die Beitragsleistung. Gesuche um Aufnahme sind schriftlich beim Komitee anzubringen, das über sie beschließt. Das Komitee ist berechtigt, Ehrenmitglieder und korrespondierende Mitglieder, welche regelmäßige Berichte einsenden, zu ernennen. Mitglieder.

Alljährlich im April findet eine Generalversammlung statt. In dieser erstattet das Komitee Bericht über seine Tätigkeit; der Kassierer legt seine Jahresrechnung vor. Gleichzeitig werden die Ergänzungswahlen zum Komitee vorgenommen. Ferner wird über sonstige auf der Tagesordnung stehende Fragen verhandelt; Beschlüsse werden mit absoluter Mehrheit gefaßt. Außerordentliche Generalversammlungen werden einberufen, wenn es das Komitee für notwendig hält oder wenn wenigstens 50 wirkliche Mitglieder danach verlangen. Es darf nur über die auf die Tagesordnung gesetzten Gegenstände verhandelt werden. Generalversammlung.

Das Komitee vertritt die Internationale Handelskammer gerichtlich und außergerichtlich. In unvorhergesehenen Fällen Komitee.

8*

handelt es nach bestem Gutdünken selbständig und legt der nächsten Generalversammlung Rechenschaft ab. Es besteht aus 24 unbesoldeten Mitgliedern, von denen alljährlich die Hälfte auf zwei Jahre von der Generalversammlung in geheimer Abstimmung mit absoluter Majorität gewählt wird. Dem Komitee dürfen nicht mehr als sechs Mitglieder einer und derselben Nationalität angehören. Das Komitee tritt monatlich mindestens einmal zusammen. Die Verhandlungen werden in französischer Sprache geführt doch sind Dokumente in jeder anderen Sprache zugelassen.

In der ersten Komiteesitzung nach der alljährlichen ordentlichen Generalversammlung wählt das Komitee aus seiner Mitte einen aus sechs Personen bestehenden Ausschuß mit dem Präsidenten an der Spitze. Der Ausschuß erledigt die Korrespondenzen der Internationalen Handelskammer, besorgt die Abfassung, Drucklegung und den Versand der Bulletins und aller sonstigen Dokumente und verwaltet die Finanzen. Der Ausschuß ernennt einen besoldeten Sekretär und die sonstigen Angestellten und bestimmt deren Gehälter.

Kommissionen und Lokalausschüsse

Das Komitee beschäftigt sich mit allen Fragen, welche den Handel und die Industrie in Aegypten interessieren. Es kann aus seiner Mitte Kommissionen zum Studium spezieller Fragen ernennen und nötigenfalls den Rat außenstehender Personen einholen. Es kann in den wichtigsten Städten Aegyptens Lokalausschüsse einsetzen. Die Mitgliederzahl und die Befugnisse dieser Ausschüsse werden vom Komitee bestimmt. Ihre Beschlüsse binden das Komitee nicht.

Bibliothek und Bulletin.

Die Internationale Handelskammer unterhält eine Bibliothek, deren Benutzung allen Handelskammermitgliedern gestattet ist. Sie gibt ferner ein Bulletin mensuel de la chambre de commerce internationale heraus, das über die Verhältnisse der Kammer eingehend berichtet und reichhaltige statistische Mitteilungen macht.

Britisch-Südafrika.

Cape Town Chamber of commerce, Aufgaben.

Zur Vertretung der Gesamtinteressen des Handels der Kolonie Kapland besteht in Kapstadt die Cape Town Chamber of Commerce (incorporated). Sie ist eine freie Vereinigung und hat die Aufgabe, den Handel durch Informationen und Anregungen, die sie den Behörden und den Handeltreibenden gibt, sowie durch die Feststellung von Handelsbräuchen und durch eine schiedsrichterliche Tätigkeit zu fördern.

Mitglieder.

Alle Personen, Firmen oder Handelsgesellschaften, welche am Handel der Kolonie interessiert sind, können Mitglieder der Handelskammer werden. Sie müssen ein schriftliches Aufnahmegesuch einreichen. Die nächste Generalversammlung beschließt durch Ballotage über die Aufnahme; zwei Drittel der Anwesenden müssen für sie stimmen. Personen, welche nur die Bibliothek benutzen wollen, müssen sich einem ähnlichen Verfahren unterziehen. Ehrenmitglieder werden vom Verwaltungskomitee ernannt. Die Mitglieder haben ihren Austritt schriftlich anzuzeigen. Gegen ihren Willen kann durch eine besondere Versammlung der Handelskammer ihr Ausschluß durch Zweidrittelmehrheit bestimmt werden. Die Mitglieder, welche in Kapstadt oder höchstens 25 Meilen entfernt wohnen (1900: 159), zahlen Jahresbeiträge von 6 Lstrl. 6 sh. Mitglieder, welche in größerer Entfernung vom Kammersitz wohnen (1900: 12), sowie Personen, welche nur die Kammerbibliothek benutzen wollen (1900: 45), zahlen die Hälfte.

Die Handelskammer zu Kapstadt hält monatlich eine Generalversammlung zur Beratung und Beschlußfassung über alle Fragen des Handelsinteresses ab. In der als Jahres-Generalversammlung bezeichneten Versammlung erstattet das Verwaltungskomitee Berichte über seine Tätigkeit und über den Vermögensstand der Gesellschaft. Sie wie die Spezialgeneralversammlungen sind öffentlich; zur Beschlußfähigkeit genügt die Anwesenheit von zehn Mitgliedern. Generalversammlung.

Mit der Geschäftsleitung der Kammer, sowie mit der Vorbereitung ihrer Generalversammlungen und der Ausführung ihrer Beschlüsse ist das Verwaltungskomitee beauftragt. Dieses besteht aus einem Präsidenten, einem Vizepräsidenten, einem Schatzmeister und sieben Mitgliedern, welche von der Generalversammlung auf Grund von Vorschlagslisten auf ein Jahr gewählt werden. Komiteemitglieder, die viermal unentschuldigt bei einer Sitzung fehlen, die in Zahlungsschwierigkeiten geraten oder aus anderen Gründen des Mandats unwürdig erscheinen, werden ausgeschlossen. Das Komitee verwaltet die Gelder der Handelskammer und stellt einen Sekretär mit Hilfskräften an. Verwaltungskomitee.

In seiner ersten Sitzung nach der Jahresgeneralversammlung ernennt das Verwaltungskomitee ständige Ausschüsse für die Behandlung bestimmter Angelegenheiten. Diese, sowie jederzeit zu ernennende Spezialausschüsse, zählen fünf bis sieben Mitglieder. Der Präsident und der Vizepräsident der Kammer sind ex officio Mitglieder in allen Ausschüssen, führen in ihnen jedoch nicht den Vorsitz. Alle Beschlüsse von Ausschüssen bedürfen der Bestätigung durch die Kammer. — Ständige Ausschüsse.

In Transvaal besteht zur Vertretung der bergbaulichen und verwandten Interessen zu Johannisburg die Transvaal Chamber of Mines. Ihr neues, vom 15. Mai 1902 datiertes Statut ist in ihrem (dreizehnten) Jahresbericht über das Jahr 1902 publiziert. Transvaal Chamber of Mines.

Sie hat die Aufgabe, alle Interessen der Minenindustrie von Transvaal zu fördern, insbesondere durch Beeinflussung der Ver- Aufgaben.

waltung und Gesetzgebung. Sie pflegt weiter in umfassender Weise die Statistik und übt schiedsrichterliche Funktionen aus. Endlich unterhält sie eine Bibliothek und ein Museum, welches alle Artikel enthalten soll, die für die Minenindustrie von Interesse sein können.

Mitglieder.

Die Minenkammer unterscheidet ordentliche, außerordentliche und Ehrenmitglieder. Als ordentliches Mitglied kann jede Firma oder Gesellschaft, welche an der Minenindustrie Transvaals interessiert ist, auf ihren schriftlich ausgedrückten Wunsch durch Beschluß des Exekutivkomitees aufgenommen werden. Jedes ordentliche Mitglied bestimmt durch Erklärung an den Kammersekretär eine Person, die es in der Kammer vertritt. Die Zahl der ordentlichen Mitglieder betrug 1902 gegen 150. Sie bezahlen je 105 Lstrl. jährlichen Beitrag. Die Mitgliedschaft einer Firma erlischt durch Zahlungseinstellung oder Liquidation. Auch in bestimmten anderen Fällen können Mitglieder durch Beschluß der Generalversammlung ausgeschlossen werden. Als außerordentliches Mitglied (Associate member) kann vom Exekutivkomitee aufgenommen werden, wer in Transvaal ansässig ist und ein unmittelbares Interesse an der Minenindustrie hat. Das Exekutivkomitee ist auch berechtigt, auf die Dauer eines Jahres Personen, die sich um die Kammer verdient gemacht haben, zu Ehrenmitgliedern zu ernennen. Die Jahresbeiträge betragen für die außerordentlichen Mitglieder, deren es 1902 nur vier gab, 3 Lstrl. 3 sh. Stimmrecht besitzen nur die ordentlichen Mitglieder; die außerordentlichen und Ehrenmitglieder haben nur beratende Stimme.

Generalversammlungen

Generalversammlungen sollen mindestens einmal im Monat stattfinden Sie leitet der Präsident des Exekutivkomitees; sie sind bei Anwesenheit von zehn Mitgliedern beschlußfähig. In der Januarversammlung erstattet das Exekutivkomitee des Vorjahrs Bericht über die Kammertätigkeit und über das Kammervermögen; ferner wird die Neuwahl des Exekutivkomitees vorgenommen.

Exekutivkomitee.

Das Exekutivkomitee besteht aus einem Präsidenten, zwei Vizepräsidenten und 12 anderen Mitgliedern. Sie werden auf Grund schriftlich eingereichter Vorschläge durch Ballotage gewählt. Sie sind wiederwählbar, dürfen aber nur zweimal hintereinander ihre Aemter bekleiden. Das Komitee soll monatlich wenigstens eine Sitzung abhalten; bei Anwesenheit von fünf Mitgliedern ist es beschlußfähig. Das Komitee ernennt aus seiner Mitte Subkomitees und kann an anderen Orten zur Wahrung der von der Kammer zu Johannisburg vertretenen Interessen Einzelpersonen oder Komitees als Vertreter der Kammer bestellen. Das Exekutivkomitee vertritt die Kammer gegenüber den Behörden, führt die sämtlichen Geschäfte der Kammer, verwaltet insbesondere Bibliothek und Museum und stellt die Beamten der Kammer an.

Französisch-Afrika.

Die französische Kolonie Algier besitzt eine Reihe von Handelskammern, so in Algier, Bougie, Bone und in Oran. Diese unterstehen vollständig der französischen Gesetzgebung über die Handelskammern, jedoch mit den geringen Abweichungen, daß die Etats und Rechnungen der algerischen Kammern zur Prüfung an den Generalgouverneur und nicht an den französischen Handelsminister gehen, und daß die Handelskammern, wenn sie direkt mit den französischen Ministern korrespondieren, hiervon ihrem Gouverneur und Generalgouverneur Mitteilung zu machen haben. Algier.

Weitere Handelskammern oder Chambres consultatives besitzt Frankreich in anderen afrikanischen Kolonien. Es finden sich solche in Saint-Louis, Dakar und Gorée (Sénegal), in Rufisque und Grand-Bassam (Pfefferküste), in Tananariva, Majunga, Tamatave, Farafangana, Fianarantsoa, Tulear, Diégo-Suarez, Nossi-Bé, St. Marie (Madagaskar) und auf Réunion. Das übrige Afrika.

Auslandshandelskammern in Afrika.

Neben den oben erwähnten Auslandshandelskammern, welche in Alexandrien ihren Sitz haben, gibt es in Afrika noch eine Reihe anderer Auslandshandelskammern. Es finden sich in Tunis eine englische und eine italienische Handelskammer, in Marokko die spanische Handelskammer zu Tanger und zu Port Louis auf Mauritius eine französische Kammer. Auslands-Handels-kammern.

Australien.

Australische Handelskammern.

In Melbourne gibt es eine niederländische und eine österreichische, in Sydney eine französische Handelskammer. Daneben bestehen in Australien eine Reihe von nationalen Handelskammern, welche zum Teil auf eine lange Wirksamkeit zurückblicken; die Handelskammer zu Adelaide wurde 1840, die zu Sydney 1851 begründet. Die Kammern sind freie Vereinigungen und haben den Zweck, die allgemeinen Handelsinteressen in jeder Weise zu fördern, die Statistik und das kaufmännische Bildungswesen zu pflegen und als Schiedsrichter zu wirken. Ihre Organisation ist im ganzen der der englischen Kammern sehr ähnlich, aber im einzelnen verschieden. Während z. B. bei der Handelskammer zu Perth der Schwerpunkt der Tätigkeit bei dem Komitee allein liegt, teilt sich in Sydney das ihm entsprechende Council mit acht Sektional-Komitees in die Hauptarbeit und das General-Komitee von Adelaide wird von nur zwei Sektional-Komitees und von drei ständigen Subkomitees unterstützt. Auch die Mitgliederzahlen sind sehr verschieden; die Handelskammer zu Adelaide hatte 1905 135 Mitglieder, die zu Sydney 1901 doppelt so viele. Die Mitgliederbeiträge betragen etwa 2 Guineen. Wie die finanziellen Hilfsmittel ist auch der Tätigkeitsumfang der einzelnen Kammern sehr verschieden. In Sydney fanden im Jahre 1900/01 acht Generalversammlungen der Kammer und 28 Sitzungen des Council statt Dazu kommt dann noch eine große Anzahl von Sitzungen der Sektional-Komitees und anderer Ausschüsse. Als ein besonderer Zweig der Tätigkeit der australischen Handelskammern ist das Bestreben zu erwähnen, durch Vertreter in London die regen Wechselbeziehungen zwischen Mutterland und Kolonie zu fördern und zu erleichtern.

Handelskammervereinigung.

Seit einigen Jahren besitzen die australischen Handelskammern eine Vereinigung zur Wahrung der allgemeinen australischen Handelsinteressen. Im Juli 1900 regte die Handelskammer Sydney den Plan zur Gründung einer australischen Handelskammer zu London an und setzte zur Förderung ihres Planes eine besondere Kommission nieder. Diese gab bald ihre Aufgabe als vorläufig unausführbar auf, schlug aber dem Kammer-Council die Begründung einer australischen Handelskammervereinigung vor. Mit Rücksicht auf die kurz zuvor erfolgte Zusammenschließung der australischen Kolonien zum Commonwealth of

Australia trat das Council dem Plane näher. Es erwartete, daß das Föderalparlament auch für den Handel wichtige Gesetze erlassen werde, und daß deshalb die Handelskammern gemeinsam ihre Handelsinteressen vertreten müßten. Die Handelskammer Sydney lud Vertreter der anderen Kammer zu einer Vorversammlung ein. Diese fand am 9. Januar 1901 in Sydney statt. Man vereinbarte für die neue Vereinigung ein Statut und wählte den Präsidenten der Handelskammer zu Sydney zum Vorsitzenden der neuen Vereinigung. Dieser berief die erste Tagung des General Council of the Chambers of Commerce of the Commonwealth of Australia im Mai 1901 nach Melbourne ein, wo der Präsident der dortigen Handelskammer den Vorsitz erhielt. Seitdem findet alljährlich eine große Jahresversammlung statt, im Jahre 1905 am 11. April in Sydney.

Auch auf Neu-Seeland befindet sich seit 1870 zu Auckland eine Handelskammer. Diese ist eine freie Vereinigung und hat jetzt gegen 250 Mitglieder, die im Jahre 1905 zwei Generalversammlungen abhielten. Die Geschäftsführung liegt in den Händen des Council, das aus einem Präsidenten, einem Vizepräsidenten und neun Mitgliedern besteht, sechs ständige Komitees bildet und 1905 16 Sitzungen abhielt. Auckland.

Pass & Garleb G. m. b. H., Berlin W. 35.

Kolibri 360 GmbH
Ferdinand-Jühlke-Straße 7
99095 Erfurt, Deutschland
produktsicherheit@kolibri360.de